Amy Wilkinson

Adelgazar

Alimentos, estrategias y actitudes
que te ayudarán a perder esos kilos de más

editorial irio, s.a.

Diseño de portada: Ettore Bottini

© de la edición original
Celestial Connection, Inc.

© de la presente edición
EDITORIAL SIRIO, S.A.   Nirvana Libros S.A. de C.V.   Ed. Sirio Argentina
C/ Panaderos, 9   Av. Centenario, 607   C/ Castillo, 540
29005-Málaga   Col. Lomas de Tarango   1414-Buenos Aires
España   01620-Del Alvaro Obregón   (Argentina)
                          México D.F.

www.editorialsirio.com
E-Mail: sirio@editorialsirio.com

I.S.B.N.: 84-7808-436-3
Depósito Legal: B-16.088-2004

Impreso en los talleres gráficos de Romanya/Valls
Verdaguer 1, 08786-Capellades (Barcelona)

Printed in Spain

Introducción

*Los alimentos que complacen
demasiado al paladar
y que hacen comer más de lo
necesario nos envenenan en
lugar de alimentarnos.*

Fenelón

Hace ya algunos años, un especialista en Programación Neurolingüística decidió hacer una investigación sobre los programas norteamericanos de adelgazamiento o pérdida de peso. En los Estados Unidos este tipo de programas son un negocio monstruoso, que mueve cada año miles de millones de dólares. Y lo curioso es que muchas de las dietas y muchos de los programas son radicalmente diferentes unos de otros. De hecho, algunos incluso son totalmente opuestos entre sí. Unos dicen: «Puedes comer todo lo que quieras, con tal que hagas ejercicio físico» mientras otros aseguran: «No importa el tipo ni la cantidad de ejercicio que hagas, pues básicamente se trata de un problema nutritivo.» Para algunos el enemigo y la causa de todos los males de la humanidad son los hidratos de carbono, mientras otros consideran que lo nocivo es la proteína y la grasa. Unos te dejan comer casi cualquier cosa, controlando únicamente la hora en que se toma el alimento, mientras otros se basan totalmente en la ingestión de fármacos o complementos nutritivos.

Pero lo más sorprendente es que en algunos casos, todos ellos funcionan. Es decir, todos resultan efectivos para algunas personas. Por ello, este investigador, en lugar de dedicarse a analizar los diferentes programas se centró en las personas: ¿Qué ocurrió en esos casos? ¿Por qué tuvieron éxito?

Y de este modo descubrió que todas aquellas personas que habían logrado adelgazar sin recuperar en unos meses o años el peso anterior tenían dos características en común, independientemente de cuál fuera el plan de adelgazamiento o la dieta que hubieran seguido.

La primera de dichas características es que el inicio de la dieta estuvo acompañado por otro cambio importante en sus vidas, ya se tratara de un cambio en el trabajo, en sus relaciones o en su entorno. Es decir, que la dieta se inició justo en el momento en que otro cambio relevante ocurría en la vida de la persona: quizás se cambió de casa, tal vez se trasladó a otra ciudad o a lo mejor cambió de pareja o de trabajo.

La segunda cosa que todos ellos manifestaron fue algo así como: «Esta vez realmente estaba preparado para cambiar». Es decir, estaban preparados, estaban listos para adelgazar. Parece que esa cualidad de estar listo es extraordinariamente importante.

Hay un chiste que pregunta cuántos psicoanalistas hacen falta para cambiar una bombilla.

Sólo uno, pero se necesita mucho tiempo, es un proceso caro y además, la bombilla debe estar preparada y lista para cambiar.

Así, la pregunta importante sería: «¿Estás realmente listo para adelgazar?»

En Alcohólicos Anónimos generalmente se considera que hablar con un alcohólico que todavía no ha tocado fondo es perder el tiempo. Sólo cuando realmente la persona toca fondo, estará dispuesta a escuchar y, sobre todo, a actuar para resolver su problema.

Si lo que quieres es perder tres o cuatro kilos para presumir en la playa o ponerte de nuevo esa ropa que ya no te queda bien, tu situación no es tan drástica. Sin embargo, en los casos en que la obesidad debe ser considerada como una enfermedad preocupante, esta toma de conciencia es imprescindible. Sin ella todo se reducirá a una pérdida de tiempo y de dinero.

Pero cualquiera que sea tu caso, los siguientes consejos y estrategias, que para facilitar su localización han sido ordenados alfabéticamente, serán un importante acerbo de posibilidades donde podrás escoger lo que mejor se adecue a tus circunstancias. Se trata de perder esos kilos que quieres quitarte de encima de la forma más natural, más fácil y más saludable posible.

Los aceites

Procura usar poco aceite. Recuerda que incluso los más sanos, como el de oliva, son grasa pura.

La adolescencia

Los adolescentes suelen ser consumidores de alimentos con elevado contenido calórico y muy pobres en nutrientes (hamburguesas, dulces, refrescos, pasteles, etc.) Muchas veces esta situación es generada por el bombardeo publicitario continuo y puede desequilibrar el régimen alimenticio contribuyendo al exceso de peso. La solución es enseñar a los niños lo perjudicial que puede ser para su salud y para su figura el consumo excesivo de esos productos y acostumbrarlos desde pequeños a consumir vegetales y frutas, preparándoles platos variados y con mucho ingenio. Pero hay que ser realista: actualmente es casi imposible mantenerlos alejados de los alimentos «basura»; sin embargo sí se les puede concienciar de sus peligros y sobre todo debemos estar muy atentos a los factores psicológicos o emotivos que durante la adolescencia pueden influir muy negativamente en su alimentación.

El agua

El agua es una parte importante de cualquier programa de reducción de peso, siendo muy necesaria, tanto para eliminar la grasa como para lograr y mantener la salud general del organismo. El agua nos ayuda –entre otras– de las siguientes maneras:

– Suprime el apetito.
– Ayuda a eliminar las toxinas y los productos de desecho.
– Es una ayuda contra el estreñimiento.
– Ayuda a mantener el tono muscular.
– Reduce la acumulación de sodio.
– Ayuda a quemar la grasa acumulada. Cuando los riñones no reciben agua suficiente, el hígado funciona mal y no puede realizar bien su trabajo de metabolizar la grasa.
– Hace que se deposite menos grasa en el cuerpo.
– Alivia los problemas de retención de líquidos. Si no le proporcionamos al cuerpo el agua que necesita, se esforzará por retener la poca que le llegue.

Para superar el deseo incontrolado de ingerir alimentos es efectivo beber agua en pequeños sorbos. Es más, a veces pensamos que tenemos hambre y lo que realmente tenemos es sed. La mayoría de la gente sabe que debe tomar entre seis y ocho vasos de agua al día pero pocos son conscientes de que la cantidad no es tan importante como *la frecuencia* con que se toma. Según un estudio realizado en el Hospital Deaconess de Boston, unos 100 ml de agua por vez (un cuarto de vaso) es suficiente para calmar el hambre incontrolada. Recuerda que lo que se pretende es calmar la sed y el deseo de tomar alimentos, no excitar las papilas gustativas, por ello se deberá tomar siempre agua, no té, café, zumos ni cualquier otra bebida. Independientemente, deberás tomar un vaso entero antes de cada comida.

Mantén siempre cerca una botella (del tipo deportivo) con agua. Cuando sientas la necesidad de tener algo en la boca, toma un sorbo de agua. Este truco es especialmente válido para quienes trabajan frente a un ordenador.

La dieta de las alcachofas

Se trata de aprovechar al máximo los beneficios de las alcachofas, ya que tienen un poder diurético muy importante además de poseer un buen cúmulo de vitaminas y nutrientes. Por no contener almidón, son muy recomendables para personas con diabetes. Esta dieta promete una pérdida de 3 kilos en 3 días, pues sus calorías son mínimas pero no debe realizarse más de tres días seguidos. El contenido calórico de las alcachofas es de aproximadamente 46 calorías por cada 100 gramos de verdura fresca.

Hay que tomar como único alimento cinco platos de alcachofas al día, ya sea cocida, a la plancha o al vapor, también hay que tomar zumo de alcachofa en todas las comidas. Es importante beber bastante agua y aliñar la verdura con aceite de oliva.

Otra forma de comer las alcachofas es en forma de sopa, la cual se prepara con 2 zanahorias, 1 cebolla grande, 2 clavos, 3 dientes de ajo, 1 rama de apio y 1 trozo de calabaza, se trocea todo y se pone a hervir en agua mineral entre 15 y 20 minutos, luego se pasa por la batidora y ya está lista para tomar.

El alcohol

En las bebidas alcohólicas se esconde una cantidad de calorías insospechada. Tres whiskys equivalen a una buena comida en lo referente a su aporte calórico. La «barriga de cerveza» es clásica. El alcohol es el producto con más calorías y no alimenta, tan sólo engorda. Es mejor consumir poco alcohol y preferir la sidra, el champán seco o los vinos y cervezas ligeros. Recuerda que cuanto más dulces o de más graduación alcohólica sean las bebidas, más calorías tendrán.

Alimentos que adelgazan

Hay alimentos cuyo proceso de digestión consume más calorías que las que ellos mismos aportan. Otros hacen perder peso simplemente por sus cualidades diuréticas. Entre los alimentos que siempre se han considerado como adelgazantes están los huevos duros, el café negro (sin azúcar), el té, el perejil, el pomelo, las ciruelas, la piña y las manzanas asadas. Recientemente, los descubrimientos del Dr. D'Adamo sobre los grupos sanguíneos han revelado que ciertos alimentos adelgazan a las personas con un tipo de sangre determinado, mientras que engordan a quienes poseen otro tipo de sangre. (Ver más adelante la dieta de los grupos sanguíneos.)

Alimentos vivos y alimentos muertos

Los alimentos vivos nos dan vida. Los alimentos muertos nos dan kilos y nos acercan a la muerte. Alimentos vivos son las frutas, las verduras y toda comida sana. Alimentos muertos son las patatas fritas, las galletas y toda la basura procesada que llena las estanterías de los supermercados en latas y envases de vistosos colores. Cualquier alimento que en unos días no germina o se pudre está muerto.

Aliños

En lugar de los aliños comerciales, cuyo componente de grasas suele ser muy elevado, prepáralos con ajo, perejil, pimiento, limón, sal y hierbas aromáticas. Te ayudarán a digerir mejor las proteínas y las grasas animales y además bajarás de peso.

La amapola californiana

Es una planta ansiolítica y sedante y se recomienda en caso de nerviosismo, estrés y alteraciones del sueño. Tiene efectos antiespasmódicos por lo que calma los dolores intestinales. Si el no poder picar entre horas te provoca ansiedad puedes recurrir a los efectos sedantes de la amapola californiana. No se le conocen contraindicaciones y no crea hábito.

Anotar

Para quienes sean realmente meticulosos, anotar después de cada comida o tentempié exactamente lo que uno ha comido es una buena táctica. Ello nos hace poco a poco más conscientes de todo lo que nos llevamos a la boca y nos permite adquirir más control sobre nuestros hábitos alimenticios.

Pronto desecharemos en el acto muchos bocados –sobre todo entre comidas– que antes consumíamos mecánicamente. Los «snaks» que se toman fuera de las comidas (patatas fritas, galletas, pastelitos, chocolates, caramelos) suelen ser los principales responsables de la obesidad infantil, que en muchos casos ya se conserva para toda la vida.

Los antidepresivos

¡Cuidado! Los antidepresivos tricíclicos tienen como efecto secundario generar un ansia desmedida de hidratos de carbono. Quienes estén tomando medicamentos contra la depresión harían bien en asegurarse de que no pertenecen a este tipo. No digo marcas, pues además los nombres varían de unos países a otros, pero es bastante triste salir de una depresión para caer en otra por haber engordado 15 kilos.

La antidieta

La antidieta es una de las llamadas dietas disociadas, que se basan en la creencia de que los hidratos de carbono y las proteínas deben tomarse por separado, nunca en la misma comida porque su digestión requiere un medio ácido y un medio alcalino y la mezcla de los dos dificulta la asimilación de los nutrientes. La antidieta surgió en Estados Unidos, no sólo como una cura de adelgazamiento sino como un nuevo concepto de alimentación.

Esta dieta no consiste en limitar las calorías, sino en no mezclar ciertos alimentos.

Por las mañanas se puede tomar únicamente fruta. Nada de pan, café o cereales. Para saciar el hambre se pueden tomar dos plátanos. Al mediodía deberán tomarse ensaladas, hortalizas y sopas. Por la noche ya se puede comer carne, pescado, arroz, verduras, pasta, patatas, etc., sin ninguna restricción. No existen limitaciones en cuanto a productos lácteos, y para aderezar los alimentos puede utilizarse un aceite vegetal. El siguiente es un ejemplo de menú.

Desayuno   Fruta fresca, macedonia de frutas o zumo recién exprimido.

Comida   Fuente de verduras, ensalada con queso fresco, emparedado de aguacate, sopa de lentejas, salvado de trigo con ensalada.

Cena   Pollo asado y setas, filete de pescado frito, pasta con verduras.

Bebidas   Agua mineral, zumo de fruta, jugo de hortalizas, infusiones de hierbas o café de malta.

Los aparatos de ejercicio

Si tienes bicicletas estáticas u otros aparatos para realizar ejercicio, no los escondas en el trastero. Mantenlos a la vista.

El arroz

El arroz no es lo que engorda, sino sus acompañantes. Sírvelo preferentemente con vegetales.

Dieta de arroz, pollo y manzanas

Esta dieta dura 9 días y se basa en comer durante ese periodo sólo a base de arroz, pollo y manzanas, sin poder mezclar ningún alimento más. Se puede perder hasta un kilo por día, logrando además limpiar el organismo de toxinas.

Del primero al tercer día. Se trata de comer arroz los tres primeros días, sólo arroz, sin acompañarlo de ningún otro alimento.

Del cuarto al sexto día. Los tres días siguientes sólo se puede comer pollo, bien al horno o hervido, pero siempre sin piel.

Del séptimo al noveno día. Los tres últimos días, hay que tomar sólo manzanas, que podremos preparar hervidas, al horno o bien podemos comerlas crudas.

El aspartame

Cada vez son más los testimonios de que, a la larga, los alimentos y las bebidas endulzados con aspartame (prácticamente todas las de dieta) hacen engordar. Y no es éste el único efecto negativo de esta sustancia, considerada entre las más nefastas de todos los aditivos actualmente utilizados. Concentra más del 75% de todas las denuncias por reacciones adversas que se reciben en los Estados Unidos (puede causar desde pérdida de memoria a tumores cerebrales). Si sueles tomar este tipo de refrescos y sigues aumentando de peso, sustitúyelos por agua. Quizás te lleves una sorpresa. Otros nombres del aspartame son Nutra-Sweet, Equal, Spoonful, Canderel, etc.

La dieta del Dr. Atkins

Basada en la supresión casi total de los hidratos de carbono, la dieta para adelgazar del Dr. Atkins sigue teniendo una enorme aceptación en Estados Unidos. El gran atractivo ejercido por esta dieta sobre sus muchos miles de seguidores consiste en que prescribe tanto la forma de cocer los alimentos más apreciada –todo puede ser frito– como los alimentos que prefieren los estadounidenses: todo tipo de carnes de mamíferos, desde la de ternera hasta la de cerdo, y de cualquier ave –incluidos el ganso y la oca–, también el tocino, toda clase de pescado –incluso el salmón y los pescados azules– y los mariscos no crustáceos, los patés, los quesos fuertes, la leche entera, la nata, la mayonesa, los huevos y algunas verduras para acompañar las carnes a modo de ensaladas crudas, como lechuga, escarola, endibia, pepino, rábano, cebolla, apio, pimiento, berro, hinojo y aceitunas –verdes o negras–, regadas todas con la cantidad y el tipo de aceite que se desee.

Como puede observarse, a excepción de las verduras antes mencionadas, quedan descartados todos los alimentos corrientes que contienen hidratos de carbono, cualesquiera que sea su nivel de contenido. Es decir, están totalmente prohibidos el pan, las patatas, las legumbres, el resto de las verduras, todas las frutas y la pasta, y, muy particularmente, los dulces. Estos están especialmente excluidos en las primeras semanas de la dieta, aunque con posterioridad se irán incorporando de forma gradual, pero siempre en muy pequeñas cantidades.

Otro factor que confiere un gran atractivo a esta dieta es que no impone límite alguno a las cantidades de alimento que se pueden consumir y permite que se coma cuando se sienta apetito, es decir, en cualquier momento del día o de la noche. En consecuencia, uno se puede comer un par de huevos fritos con tocino cuando lo desee, lo que contribuye a que la persona no sufra jamás la sensación de hambre.

Es una dieta fácil para las personas predominantemente carnívoras, capaces de vivir sin fruta, sin pan, sin pasta, sin legumbres y casi sin verduras, y estas personas logran bajar espectacularmente de peso. Sin embargo, sería imposible que alguien acostumbrado a la alimentación de tipo mediterráneo pudiera seguir la dieta del Dr. Atkins ni siquiera dos días.

Los nutricionistas advierten seriamente contra ella. Normalmente se la considera una dieta muy desequilibrada y potencialmente dañina para la salud por ser deficiente en varios minerales y vitaminas, tanto como en fibra. El exceso de proteína daña a los riñones y tiende a drenar el calcio de los huesos. Además eleva los niveles de ácido úrico, colesterol y triglicéridos y en ocasiones puede favorecer el estreñimiento. Debido al alto consumo de carnes rojas, embutidos y huevos eleva peligrosamente el riesgo de enfermedades cardiovasculares. Sin embargo, ante estas acusaciones el Dr. Atkins sostiene lo contrario, con base en algunos estudios suyos y en otros realizados por el Dr. Yukin en varias poblaciones del mundo, entre ellas, las tribus africanas masai y samburu y los habitantes de la isla Santa Elena. En los estudios realizados por el Dr. Yukin se descubrió que entre los integrantes de las tribus citadas, cuya dieta es alta en grasas y muy baja en azúcares, la incidencia de enfermedades cardíacas es extremadamente baja, mientras que entre los habitantes de Santa Elena, con una dieta escasa en grasas y alta en azúcares, dichas enfermedades son muy frecuentes.

Posiblemente ambos tengan razón, tanto el Dr. Aktins como sus detractores. Los descubrimientos del Dr. d'Adamo (ver la dieta de los grupos sanguíneos) explican claramente por qué. Por otro lado, si bien es cierto que los esquimales y otros pueblos exclusivamente carnívoros no tienen prácticamente enfermedades cardiovasculares, también lo es que sus individuos, aunque fuertes y sanos en su juventud, muy raramente llegan a los 60 años y que las mujeres comienzan a mostrar señales de osteoporosis a partir de los 30 y esto sin contar que ellos comen la carne cruda, que es mucho más asimilable por el organismo que la cocinada.

Resumiendo, es una buena dieta para ser seguida durante un tiempo muy limitado por los carnívoros que quieran bajar de peso y puedan pasar sin fruta y sin pan, pero puede ser muy peligrosa para la salud si se pretende convertirla en un estilo de vida permanente. Los hidratos de carbono no son un veneno, como muchos seguidores de esta dieta piensan, sino un grupo de alimentos totalmente necesario para lograr una vida equilibrada, sana y feliz.

La avena

La avena es uno de los alimentos mágicos que ayudan a rebajar o a mantener el peso pues no tiene grasa y sí muchos nutrientes. Es fácil de preparar y se consigue en cualquier supermercado.

El ayuno

Sin duda, una de las formas más rápidas de adelgazar es dejar totalmente de comer. Bajo supervisión médica, un paciente que consuma únicamente agua puede perder aproximadamente medio kilo diario y los hombres un poco más. El problema es que el 30% de ese peso es tejido muscular, incluyendo del músculo del corazón. Por otra parte, más del 90% de los pacientes que han adelgazado mediante un ayuno total recuperan todo el peso perdido antes de dos años. Además, para realizar un ayuno de este tipo es necesario que la persona disfrute de buena salud. Quienes sufren de gota u otros problemas de ácido úrico deben evitar el ayuno. También aquellos que tengan problemas de riñón o de hígado, enfermedades circulatorias, anemia o desórdenes nerviosos. De cualquier forma, el ayuno sólo deberá realizarse bajo una estricta supervisión médica e incluso en esas condiciones, junto a algunos efectos ciertamente positivos, tiene también sus peligros y sus consecuencias negativas.

El azúcar

El azúcar es una droga. Y además es el responsable de muchos problemas de obesidad. Aprende a disfrutar el sabor natural de las comidas. Por ejemplo, si te tomas un jugo de naranja sin azúcar, puedes hacerlo también con las otras frutas, ¿no crees? Sólo es cuestión de acostumbrarte.

La báscula

Al igual que ocurre con la selección de los alimentos, las diferentes dietas y planes de adelgazamiento difieren totalmente unos de otros en cuanto al uso de la báscula. Algunas dietas, como la de Beverly Hills, obligan a pesarse al menos una vez al día, de lo contrario, aseguran que todos tus esfuerzos por seguir dicho régimen no tendrán éxito. Otras, sin embargo, prohíben pesarse más de una vez por semana. De cualquier forma, el asunto es no considerar a la báscula como el árbitro definitivo e inapelable de cualquier programa de pérdida de peso. Es muy importante tener en cuenta otros datos como, por ejemplo, la reducción de la circunferencia de la cintura y sobre todo el nivel de energía de la persona, su estado de ánimo, cómo se siente y en general, su calidad de vida, que es lo que a fin de cuentas se pretende incrementar con cualquier dieta.

Baño relajante

Muchas personas que trabajan fuera pasan todo el día con una alimentación muy frugal, pero en cuanto llegan a su casa por las noches se convierten en una imparable máquina de comer. Si este es tu caso, cuando llegues a tu hogar después de un día de trabajo date antes que nada una ducha o un baño caliente. Al salir se te habrá olvidado la idea de abalanzarte sobre el frigorífico para comer cualquier cosa sin pensar.

La berenjena

Este es un remedio muy sencillo y efectivo para adelgazar y mantenerse en línea. Hay que cortar una berenjena en unos 10 o 15 pedazos y ponerlos en un frasco de cristal grande, preferentemente con cabida para 3 o 4 litros. Luego se guarda en el frigorífico hasta que el agua adquiera un color oscuro como de zumo de manzana oxidado, lo cual tardará aproximadamente unas 12 horas. Cada noche, antes de acostarse hay que tomar un par de vasos de este líquido, reponiendo cada vez con agua clara la cantidad que se saque. Cada 15 días aproximadamente se cambia la berenjena, o antes, si el agua estuviera demasiado turbia o sucia. Parece que el agua de la berenjena impide de algún modo la acumulación de grasa en el cuerpo.

La dieta Beverly Hills

En los años 30, William H. Hay anunció que los almidones se deben consumir separadamente de las proteínas, y que no se deben consumir frutas junto con almidones ni con proteínas. Basándose en esta idea, Judy Mazel creó en 1981 la dieta Beverly Hills, sosteniendo que las enzimas de la fruta podían quemar las calorías antes de que éstas llegaran a las caderas. Propuso consumir hidratos de carbono y proteínas en diferentes horarios, creando un plan para toda la vida basado en el concepto de la combinación de los alimentos. La fase inicial de la dieta Beverly Hills, bastante drástica, dura seis semanas. Durante los primeros diez días, no se puede comer nada excepto frutas. Esta dieta gozó en su momento de gran popularidad entre los personajes de Hollywood y veinte años después sigue teniendo muchos adeptos. Para los amantes de la disciplina y de la fruta tropical no es muy difícil de seguir, sobre todo si viven en países donde su precio sea asequible, pues de lo contrario puede resultar una dieta cara. Normalmente las cantidades no están restringidas, pudiéndose comer cuanta fruta se desee. Aunque se indican tres comidas, se pueden hacer muchas más, consumiendo cada vez sólo el tipo de fruta señalado y dejando un espacio mínimo de dos horas entre comidas. Se restringe el uso de la sal, de los productos lácteos y del azúcar y otros hidratos de carbono refinados, pero el único alimento totalmente prohibido son los edulcorantes artificiales y los refrescos de dieta o light. La pérdida de peso varía de unas personas a otras, pero siempre es muy notable. Es posible perder 4 o 5 kilos la primera semana y seguir a ese ritmo las siguientes. El alimento estrella de esta dieta es sin duda la piña americana. Cualquier fruta que no se consiga, se puede sustituir por piña. Este es el menú para las cuatro primeras semanas:

Día 1:   Piña durante todo el día (toda la que se desee). Por la noche, dos plátanos.
Día 2:   Papaya para el desayuno y el almuerzo. Mangos para la cena.

Día 3:   Papaya para el desayuno. Piña para el almuerzo y papaya de nuevo para la cena.

Día 4:   Sandía durante todo el día.

Día 5:   Dos plátanos para el desayuno. Albaricoques secos para el almuerzo (230 gramos) y arándanos para la cena.

Día 6:   Ciruelas secas para el desayuno (200 gramos). Fresas para el almuerzo y dos plátanos en la cena.

Día 7:   Sandía durante todo el día.

Día 8:   Ciruelas secas para el desayuno (230 gramos). Fresas para el almuerzo y 230 gramos de pasas de uva para la cena.

Día 9:   Uvas durante todo el día.

Día 10:   Uvas durante todo el día.

Día 11:   230 gramos de pan que más te guste y dos cucharadas de mantequilla (esto para el desayuno y el almuerzo). Para la cena, tres mazorcas de maíz dulce.

Día 12:   Piña para el desayuno y para el almuerzo. Ensalada para la cena.

Día 13:   Manzanas para el desayuno y para el almuerzo. Patatas asadas con mantequilla (2 cucharadas) para la cena.

Día 14:   Mango durante todo el día (se puede sustituir por papaya).

Día 15:   Dos plátanos para el desayuno. 230 gramos de pasas para el almuerzo y 115 gramos de almendras para la cena.

Día 16:   Piña para el desayuno y el almuerzo y una ensalada para la cena.

Día 17:   Calabaza para el desayuno, hongos para el almuerzo y alcachofas o brócoli para la cena.

Día 18:   Grosellas para el desayuno, el almuerzo y la cena. En la cena se puede tomar también papaya. (Se pueden sustituir las grosellas por papaya durante todo el día.)

Día 19:   Manzanas para el desayuno y el almuerzo y filete de langosta con mantequilla sin sal para la cena.

Día 20:   Pollo durante todo el día.

Día 21:   Sandía durante todo el día.

Día 22:   Papaya o grosellas para el desayuno. Una hamburguesa para el almuerzo y pescado para la cena.

Día 23:   Piña para el desayuno y el almuerzo. Fresas con champán para la cena.

Día 24:   Dos panecillos para el desayuno. Una ensalada para el almuerzo y verduras con arroz para la cena.

Día 25:   Manzanas para el desayuno y el almuerzo. Para la cena, palomitas de maíz.

Día 26:   230 gramos de ciruelas secas para el desayuno. Frambuesas para el almuerzo. Pasta para la cena.

Día 27:   Uvas durante todo el día.

Día 28:   Cerezas o fresas para el desayuno y para el almuerzo. Pasas de uva para la cena.

Aunque suele resultar efectiva, la dieta Beverly Hills es considerada poco sana por ser deficitaria en proteínas y sobre todo en grasas (sí, toda alimentación sana debe incluir necesariamente una cierta cantidad de grasa).

Calidad más que cantidad

Con frecuencia el hecho de abocarse a consumir un 100% de alimentos dietéticos es contraproducente. Su sabor no es el mismo que el de los normales por lo que la satisfacción que producen es menor y a veces se termina comiendo más. En cuanto al precio, tampoco suelen ser más baratos. Reduciendo un poco, sólo un poco, el tamaño de las raciones (o mejor aún, el tamaño del propio plato), a la larga se logra un ahorro calórico notable que al año puede suponer ocho o diez kilos menos. Y lo más importante, habremos adoptado sin darnos cuenta el hábito de comer con más moderación. Según la nutricionista Alicia Moag-Stahlberg, de la Universidad del Noroeste, en Chicago, las personas con exceso de peso suelen comer los mismos alimentos que las delgadas. La diferencia entre unas y otras está en el tamaño de sus raciones. Se trata de elegir la calidad más que la cantidad. Aunque sea más caro, es preferible comer una pizca de auténtico queso crema, que medio plato de un sucedáneo o de una falsificación. Otras veces será necesario cambiar el concepto que tenemos de lo que es una comida. En los Estados Unidos la mayoría de las personas crecen con la idea de que una comida consiste en carne, patatas, pan, verduras verdes y postre, pero en algunas ocasiones, eso puede ser más de lo que necesita un adulto; a veces, una cena puede ser simplemente una sopa, un yogur o una manzana. Y sobre todo, nunca debemos olvidar que toda medida drástica estará condenada al fracaso. La naturaleza no funciona a saltos sino muy lenta y suavemente. Adoptar algunas medidas fáciles y sencillas de las indicadas en este libro será más sano y más efectivo que seguir durante dos semanas la más rigurosa de las dietas. Y cuando se te antoje un helado de chocolate o un pastel, ¡cómprate el mejor helado de chocolate o el mejor pastel, y disfrútalo!

Dieta de las 1.500 calorías

Esta dieta ordena cuatro comidas diarias, manteniendo de forma regular el horario y respetando los pesos recomendados.

Todos los días

Desayuno: 200 cc de leche con café o té sin azúcar, con 200 gramos de fruta o 30 gramos de pan integral.

Merienda: 200 cc de leche con café o té sin azúcar con 200 gramos de fruta.

Lunes

Comida: 200 gramos de coliflor hervida y 100 gramos sin desperdicios de pollo asado.

Cena: Sopa de pasta (30 gramos pesada en crudo) y 100 gramos de pescado (sin desperdicios) a la plancha con lechuga y tomate (100 gramos).

Martes

Comida: 200 gramos de zanahorias estofadas, 100 gramos de pollo (sin desperdicios) asado, con lechuga.

Cena: 200 cc de consomé aderezado con huevo duro y 20 gramos de jamón York. Filete de 100 gramos empanado con lechuga.

Miércoles

Comida: 200 gramos de espinacas rehogadas, 100 gramos de pescado (sin desperdicios) al horno.

Cena: 200 gramos de acelgas y zanahorias estofadas, 100 gramos de filete de ternera a la plancha con lechuga.

Jueves

Comida: 200 gramos de ensalada mixta, 100 gramos de pescado (sin desperdicios) a la plancha con 100 gramos de patata cocida.

Cena: 100 gramos de crema de guisantes, 1 huevo al plato con 100 gramos de guarnición de verdura.

Viernes

Comida: Sopa de pasta (30 gramos pesada en crudo), 100 gramos de merluza a la romana (sin desperdicios), con ensalada.

Cena: 200 gramos de verdura rehogada, un filete de 100 gramos a la plancha con lechuga.

Sábado

Comida: 200 gramos de puré de verdura y un filete de 100 gramos a la plancha con ensalada.

Cena: 200 cc de sopa juliana, 100 gr de pollo asado (sin desperdicios) con 100 gr de ensalada.

Domingo

Comida: Sopa de mariscos (30 gramos de pasta en crudo). 100 gramos de carne de vaca asada con 100 gramos de guarnición de verduras.

Cena: 200 cc de consomé aderezado con huevo duro y 20 gramos de jamón York, 100 gramos de pescado (sin desperdicios) al horno.

Observaciones

- Esta dieta incluye 60 gramos de pan (1 panecillo) para todo el día.
- Además incluye 100 gramos de fruta en la comida y 100 gramos en la cena.
- La cantidad máxima permitida de aceite para condimentar es de 20 cc al día.
- Pueden utilizarse edulcorantes artificiales (sacarina).

La camilina

Esta planta disminuye la asimilación por parte del organismo de ciertos nutrientes como los azúcares y las grasas. Estimula y prolonga la vida de la adrenalina, una de las hormonas que contribuyen a quemar las grasas, y acelera la pérdida de peso. Se recomienda usarla únicamente durante periodos cortos.

Riesgo de cáncer

Recientemente el cáncer de mama ha pasado a engrosar la lista de las enfermedades que son estimuladas por el exceso de peso. Un estudio reciente en el que participaron más de 95.000 enfermeras con un seguimiento de 16 años ha demostrado que al menos uno de cada seis casos de cáncer de mama en mujeres posmenopáusicas está relacionado con la obesidad. El riesgo de contraer cáncer de mama después de la menopausia se incrementó hasta en un 100% en las mujeres que comenzaron a tener exceso de peso a partir de los 18 años. Otra razón de peso para perder peso.

La celulitis – Dieta anticelulítica

La celulitis consiste en una desorganización de las células grasas que no pueden realizar sus funciones normales y van hinchándose cada vez más dando lugar a la famosa «piel de naranja». Según un descubrimiento realizado por dos médicos franceses, existe una relación directa entre un índice alto de toxinas en el cuerpo y la aparición de la celulitis. Asimismo se advierte que las personas con estreñimiento y mala circulación son más propensas a sufrir el problema. Podríamos decir, por tanto, que los alimentos capaces de prevenir o combatir estos problemas son en cierta forma, anticelulíticos. El siguiente es un ejemplo de menú sano y anticelulítico.

Desayuno:	Zumo de naranja y 2 galletas integrales.
A media mañana:	Té y un plato de verduras.
Comida:	Ensalada de verduras crudas, judías, lechuga, escarola, zanahoria, remolacha y alcachofas; puré de legumbres, judías, garbanzos, lentejas o guisantes y un bocadillo pequeño de pan integral con dos filetes de pavo, pollo, ternera o merluza.
Cena:	Ensalada de verduras crudas, salteado de verduras que puede ser con trocitos de carne, pescado o marisco, 1 patata asada y 1 manzana.

Recomendaciones

- Se deben tomar muchas naranjas, pomelos, limón y cítricos en general, sin quitar la parte blanca de la piel pues es beneficiosa para fortalecer las paredes de los capilares.
- Durante un día entero a la semana, tomar sólo zumos que depuren el organismo.
- Es importante tomar comidas ricas en fibra como las legumbres, las frutas y las verduras, porque combaten el estreñimiento, así como alcachofas y remolacha, que refuerzan el hígado. Se deben evitar las prendas excesivamente ajustadas ya que dificultan la circulación sanguínea favoreciendo la aparición de la celulitis.

La cena

En los países occidentales suele ser la comida que más contribuye al exceso de peso. ¿Qué alimentos son más aconsejables para cenar? Para empezar, no es aconsejable repetir lo mismo que al mediodía, (si ha sobrado se guarda para el día siguiente), pues se debe seguir una dieta variada, y también prescindir de embutidos y fritos que dificultan mucho más la digestión durante las horas nocturnas. Lo ideal sería escoger frutas de la estación, lo más maduras posible, (y a poder ser, de cultivo biológico), con yogur o kéfir, o un poco de pan. Ésta es una alternativa sana y depurativa, ideal para personas que necesitan eliminar líquidos y desintoxicar el organismo. Los cereales integrales ayudan a conciliar el sueño, su riqueza en vitaminas B nutren y calman el sistema nervioso, siendo el grupo de alimentos recomendable en caso de nerviosismo o dificultades para dormir. El cereal más dormilón es la avena. Podemos comprarla en forma de sémola o en copos, y hacer ricas sopas con ella.

Una fórmula infalible para combatir el insomnio es hervir copos de avena en leche de avena (de venta en tiendas de productos naturales) a fuego lento, cuando ya están cocidos se toma esta sopa para cenar; es muy relajante e inductora del sueño.

El arroz integral es también una opción perfecta para la cena, es un buen diurético natural y combinado con un poco de ensalada es un plato muy equilibrado. Los cereales consumidos en grano (mijo, trigo, etc.) nutren y no engordan, sobre todo si respetamos la máxima de «masticar los líquidos y beber los sólidos», cada bocado de cereal puede ser masticado de treinta a cuarenta veces, contar las veces mientras se mastica es una forma de tomar conciencia de ello. Y al masticar mejor se necesita comer menos para sentirse saciado.

Para aquellas personas que deseen mantener la línea o perder peso, la cena es la comida del día más importante a tener en cuenta, pues por la noche el metabolismo se ralentiza y no se quema tan fácilmente lo comido, acumulándose las grasas con mucha más facilidad. Es muy conveniente observar la relación entre cómo cenamos y cómo nos levantamos al día siguiente. ¿Tienes la boca amarga o pastosa? ¿Con qué humor te despiertas, malhumorado o alegre?

¿Cómo sientes el cuerpo, pesado o vital, perezoso o con ganas de empezar el día?

Esta toma de conciencia es un paso muy importante en el camino hacia la salud y la forma física.

La centella asiática

Muy conocida por sus positivos efectos sobre la circulación sanguínea, esta planta posee notables propiedades anticelulíticas, borrando paulatinamente la piel de naranja y dejando la epidermis suave y con menos pozos e imperfecciones.

Los cereales de desayuno

Si no eres capaz de evitarlos, prepáralos con más agua que leche y añádeles frutas naturales. Recuerda: cada 100 calorías ahorradas por día suponen 5 kilos al año.

Los champiñones

Los champiñones son un alimento mágico, pues además de estar deliciosos contienen 7 de los 11 aminoácidos esenciales para el organismo y sólo 25 calorías por cada 100 gr.

Chicle

Mastica chicle sin azúcar mientras preparas la comida y también al recoger la mesa. Ello te ayudará a evitar la tentación de picar. Pero ¡cuidado! Sólo en esos momentos. Masticar mucho chicle estimula la secreción de los ácidos estomacales, lo cual podría incrementar la sensación de hambre y terminaría siendo peor el remedio que la enfermedad.

La dieta china

Con este régimen los amantes de la cocina china podrán adelgazar hasta 5 kilos en una semana, sin pasar mucha hambre.

Lunes
Desayuno: Un vaso grande de licuado de zanahoria, un plátano y una manzana verde pelada.

Leche descremada y dos tostadas de pan integral.

A media mañana: Un yogur descremado y una manzana.

Almuerzo: Tiras de carne magra salteadas en teflón con brotes de soja, 150 ml de zumo de manzana (con piel), una taza de té verde.

Cena: Un vaso grande de licuado de zanahoria, un plátano y una manzana verde pelada. Leche descremada. Milanesa de soja con queso. Una taza de té verde.

Martes

Desayuno: Un vaso grande de licuado de zanahoria, un plátano y una manzana verde pelada y leche descremada. Una rebanada de pan negro tostado. Una taza de té verde.

A media mañana: Un vaso de leche descremada. Un melocotón, una rebanada de pan tostado y una taza de té verde.

Almuerzo: Un tomate al natural. Arroz primavera caliente (con pimientos verdes y rojos). Una naranja.

Cena: Una porción de arroz con leche, 100 gramos de pollo asado. Una porción de espinacas con jengibre, 30 gramos de pan negro y una taza de té verde.

Miércoles

Desayuno: Un vaso grande de licuado de zanahoria, un plátano y una manzana verde pelada. Leche descremada. Una tostada de pan negro con miel.

A media mañana: Una taza de té verde.

Almuerzo: 250 gramos de merluza, 250 gramos de coliflor hervida con unas gotas de aceite, 75 gramos de pan blanco, dos tazas de té verde.

Cena: Un plato de espinacas al vapor con jengibre, 75 gramos de pescado blanco hervido al vapor, un vaso grande de licuado de zanahoria entera, un plátano y una manzana verde pelada. Leche descremada.

Jueves

Desayuno: Un vaso grande de licuado de zanahoria, un plátano y una manzana verde pelada. Leche descremada y 35 gramos de queso con poca grasa.

A media mañana: Un yogur descremado, 100 ml de zumo de fruta, una taza de té verde.

Almuerzo: 120 gramos de lenguado a la plancha, un pimiento asado, un vaso de zumo de naranja, una taza de té.

Cena: Un vaso grande de licuado de zanahoria, un plátano y una manzana verde pelada. 200 gramos de merluza a la plancha.

Luego, gratinar al horno con tomates cortados en cubos y aceite de oliva. Una taza de té verde.

Viernes

Desayuno: Un vaso grande de licuado de zanahoria, un plátano y una manzana verde pelada, leche descremada, 20 gramos de queso sin grasa y un vaso de zumo de naranja.

A media mañana: Una rebanada de pan negro. Dos tazas de té verde.

Almuerzo: 250 gramos de merluza, 250 gramos de coliflor hervida con unas gotas de aceite. Una loncha de queso con miel.

Cena: 100 gramos de carne desgrasada a la plancha, 150 gramos de tomate crudo, 30 gramos de pan, 150 gramos de arroz con leche. Una taza de té.

Sábado

Desayuno: Un vaso grande de licuado de zanahoria, un plátano y una manzana verde pelada. Leche descremada y un yogur descremado.

A media mañana: 40 gramos de queso, 100 gramos de tomate crudo, una taza de té verde.

Almuerzo: 25 gramos de tomate crudo, 200 gramos de verduras al vapor, 30 gramos de pan y una pera.

Cena: Un cuarto de pollo en tiras salteado en teflón con arroz primavera. Un vaso grande de licuado de zanahoria, un plátano y una manzana verde pelada y leche descremada.

Domingo

Desayuno: Un vaso grande de licuado de zanahoria, un plátano y una manzana verde pelada. Leche descremada y un yogur descremado.

A media mañana: Dos tazas de té verde.

Almuerzo: Timbales de arroz con salsa agridulce, 100 gramos de pimiento asado, una naranja y una taza de té verde.

Cena: Un vaso grande de licuado de zanahoria, un plátano y una manzana verde pelada. 75 gramos de arroz blanco, una pera y leche descremada.

El chitosan

Se trata de un producto derivado del polisacárido chitina, contenido en los caparazones de ciertos crustáceos marinos como las gambas y los cangrejos. Su funcionamiento es parecido al de la fibra vegetal, pero con la extraordinaria particularidad de que una vez en el estómago, el chitosan atrae y absorbe las grasas como una esponja, combinándose con ellas en impidiendo así que pasen a ser asimiladas por el organismo. El chitosan no es digerible, por lo que su contenido calorífico es cero y junto con las grasas que ha captado, es evacuado en las heces. El número de Agosto-Octubre de 1994 de la revista ARS Medicina, de Helsinki, informa de que los individuos participantes en un estudio para evaluar la efectividad del chitosan perdieron por término medio un 8% de su peso total en tan sólo 4 semanas.

Los fans del chitosan –y sobre todo las compañías que lo comercializan– le atribuyen toda una larga serie de beneficios adicionales: inhibe el colesterol malo y potencia el bueno, ayuda a curar las úlceras y las lesiones, actúa como antiácido, ayuda a controlar la presión sanguínea y a prevenir el estreñimiento, fortalece los huesos, reduce el ácido úrico e incluso dicen tener informes de sus cualidades antitumorales.

Sus adversarios aducen que junto con la grasa, el chitosan se lleva también nutrientes esenciales y vitales para el organismo, esquilmando todavía más la ya escuálida nutrición actual.

El ciclismo

Quienes gusten de la bicicleta tienen suerte. Con el ciclismo se pueden quemar 500 calorías por hora. O incluso bastantes más, si tienes condiciones y vas más rápido. Principalmente se activan los grupos musculares de las piernas, los cuadriceps y los glúteos.

Dieta de la Clínica Mayo

Con esta dieta se pueden llegar a perder hasta 10 kilos en 14 días, si no se come ni pan ni pastas y no se bebe nada de alcohol.

La clínica Mayo ha desmentido en más de una ocasión que esta dieta fuese elaborada en su centro de Rochester, sin embargo popularmente se la sigue conociendo como la dieta de la Clínica Mayo. Se trata de una dieta más del tipo hiperprotéico, de las que tanto abundan en Estados Unidos, es decir, muy rica en proteínas y muy pobre en hidratos de carbono y grasas, por lo que no se la puede considerar, ni mucho menos, como una dieta equilibrada.

Permite una rápida pérdida de kilos, porque al ser muy pobre en hidratos de carbono el organismo se ve obligado a consumir las reservas de azúcar que se encuentran en el hígado en forma de glucógeno, por lo que elimina también gran cantidad de líquidos que la báscula reflejará como kilos. Se repite dos semanas el siguiente menú:

Lunes

Desayuno: Café o té sin azúcar. Dos huevos duros. Una naranja.

Comida: Dos huevos duros. Una ensalada mixta sin aceite y con vinagre de manzana. Café o infusiones sin azúcar.

Cena: Dos huevos duros. Un tomate sin aceite y con vinagre de manzana. Café o infusiones sin azúcar.

Martes

Desayuno: Café o té sin azúcar. Dos huevos duros. Una naranja.

Comida: Un bistec a la plancha. Ensalada de lechuga, tomate, apio y pepino, sin aceite y con vinagre. Café o infusiones sin azúcar.

Cena: Dos huevos duros. Una naranja. Café o infusiones sin azúcar.

Miércoles

Desayuno: Café o té sin azúcar. Dos huevos duros. Una naranja.

Comida: Dos costillas de cordero o una pechuga de pollo a la plancha. Ensalada de pepino y apio, sin aceite y con vinagre de manzana. Café o infusiones sin azúcar.

Cena: Dos huevos duros. Espinacas y tomate sin aceite y con vinagre de manzana.

Jueves

Desayuno: Café o té sin azúcar. Dos huevos duros. Una naranja.

Comida: Dos huevos duros. Coliflor hervida u otra verdura sin aceite y con vinagre de manzana. Queso fresco. Una rebanada de pan.

Cena: Dos huevos duros. Espinacas y tomate, sin aceite y con vinagre de manzana.

Viernes

Desayuno: Café o té sin azúcar. Dos huevos duros. Una naranja.

Comida: Pescado hervido o a la plancha, sin aceite, aderezado con limón. Una rebanada de pan tostado.

Cena: Dos huevos duros. Espinacas y tomates, sin aceite y con vinagre de manzana. Café o infusión sin azúcar.

Sábado

Desayuno: Café o té sin azúcar. Dos huevos duros. Una naranja.

Comida: Un bistec a la plancha o pechuga de pollo. Ensalada de tomate sin aceite y con vinagre de manzana. Una naranja.

Cena: Una ensalada de frutas de la temporada (la cantidad que se desee).

Domingo

Desayuno: Café o té sin azúcar. Dos huevos duros. Una naranja.

Comida: Pollo asado (quitarle la piel antes de cocinarlo). Zanahorias ralladas.

Cena: Pollo asado (o chuleta de ternera). Ensalada de tomate, sin aceite y con vinagre de manzana. Una naranja.

Recomendaciones

- No se puede hacer más de 14 días seguidos.
- No se deben sustituir los alimentos citados ni incluir otros no indicados.
- Está totalmente prohibido beber alcohol durante la dieta.
- No se debe comer nada entre comidas, salvo café e infusiones sin azúcar.
- Se recomienda beber al menos dos litros de agua al día.
- Se permite tomar café, té, infusiones y gaseosas dietéticas.
- No se debe comer ni pan ni pastas.

La dieta de la col

Además de perder peso, el objetivo de esta dieta es eliminar toxinas, así como ayudar al cuerpo a obtener más energía. Por las reconocidas cualidades de la col, esta dieta tiene también un efecto de protección contra el cáncer.

Su duración debe ser de 15 días como máximo, perdiéndose alrededor de 5 kg durante ese tiempo.

Durante el tiempo de la dieta se aconseja tomar aceite de oliva extra virgen, beber abundante agua, tomar alimentos frescos y practicar algo de ejercicio, aunque tan sólo sea caminar durante media hora cada día.

La col es normalmente prescrita en la alimentación de las personas con diabetes y también a las mujeres embarazadas;

no obstante, las personas en estas circunstancias que decidan seguir esta dieta, deberán consultar previamente a un médico. Esta dieta no es adecuada para personas con hipotiroidismo pues la col inhibe el funcionamiento de la glándula tiroides.

Menú diario

Desayuno Té y un plato de verduras.

Comida Un vaso grande de zumo de col, y de segundo, ensalada de col lombarda, col verde y col blanca que podremos combinar unos días con lechuga, otros con arroz, con legumbres o con cereales como el maíz o el trigo. La ensalada la podemos aliñar al gusto, pero sin vinagre.

Cena Un vaso grande de zumo de col, y de segundo, ir alternando los mismos platos que para la comida.

Cuando se vuelva a la alimentación normal, los dos primeros días conviene tomar sólo verduras y frutas y después ir añadiendo carnes y pescados.

La cola de caballo

Esta hierba es diurética y depurativa además de tener otras muchas propiedades saludables. Una taza diaria es suficiente.

Consciencia

Nunca comas de un modo mecánico. Practica la alimentación consciente. Durante las comidas trata de permanecer muy consciente de todos tus actos. Observa, huele, saborea y siente cada bocado como si fuera el último.

Consumo diario de calorías

Normalmente se considera que el número adecuado de calorías que debemos consumir diariamente es el resultado de multiplicar nuestro peso por 25. Según esto, la persona que pese 75 kilos debería consumir 1.875 calorías diarias. Naturalmente esto es sólo un dato muy aproximado, que deberá modificarse según las circunstancias particulares de cada uno, sobre todo la edad y el nivel de actividad física desarrollado.

El cromo y el vanadio

Muchos casos de obesidad están estrechamente relacionados con un deficiente metabolismo de los hidratos de carbono y la principal hormona que tiene que ver con esa indebida acumulación de grasa en el cuerpo es la insulina. Por ello, todas las sustancias que hacen más eficiente el funcionamiento de la insulina suelen ayudar a combatir la obesidad. En la actualidad existe ya un número muy elevado de estudios científicos que confirman este hecho. Entre dichas sustancias se encuentran la planta *Gymnena silvestre*, usada en la medicina ayurvédica, la canela, el clavo, el laurel y los metales vanadio y cromo. Además de su evidente utilidad para los diabéticos, se ha demostrado que el cromo reduce también el nivel sanguíneo de colesterol LDL (el malo) y de triglicéridos, mientras aumenta el nivel del colesterol HDL benéfico. Curiosamente, la dieta norteamericana es muy pobre en cromo y más del 90% de las personas en dicho país son deficitarias en dicho metal. Los suplementos nutritivos de cromo y de vanadio se encuentran con bastante facilidad en las tiendas naturistas y de productos dietéticos. La presentación más común del vanadio es la de sulfato de vanadio, mientras el cromo se suele venderse en forma de nicotinato de cromo o bien como picolinato de cromo. Las dosis aconsejadas son entre 200 y 600 microgramos al día de cromo y entre 5 y 15 miligramos de sulfato de vanadio. Sus efectos más notables son una reducción de la ansiedad por consumir hidratos de carbono simples (chocolates, galletas, etc.) y una menor acumulación de grasa en el cuerpo.

El desayuno

¡No te saltes el desayuno! Come algo, dos tostadas, una manzana, lo que sea. Durante la noche el metabolismo se ralentiza y no vuelve a incrementar su velocidad hasta que no comemos algo. No comer hasta el mediodía significa que durante cuatro o cinco horas tu cuerpo estará quemando calorías a un ritmo mucho más lento que si hubieras desayunado. «Desayunar como un rey, comer como un príncipe y cenar como un mendigo» dice el refrán. Pero un antiguo proverbio persa es aún más drástico: «El desayuno debes tomarlo solo, el almuerzo compártelo con un amigo y la cena regálasela a tu enemigo».

Desnudarse

A una amiga ex-obesa y ex-comedora compulsiva le dijeron hace años un ritual muy extraño pero que a ella le funcionó. Cada vez que sentía la imperiosa necesidad de comer alguna golosina fuera de horas se quitaba toda la ropa, tomaba el pastel, el helado o el chocolate en cuestión y se sentaba a comerlo delante de un espejo de cuerpo entero. Ante la visión de sí misma desnuda las ganas de comer desaparecían de golpe, o bien a veces le daba un ataque de risa, lo cual resultaba doblemente benéfico ya que está demostrado que la risa adelgaza.

Comer despacio

En los Estados Unidos existen más de 300.000 restaurantes de comida rápida. Y están invadiendo al resto del mundo. La relación entre obesidad y velocidad con la que se engulle la comida es muy clara. Las personas que tienen tendencia a engordar suelen comer más deprisa que las demás y sus bocados son más grandes. Son las que en el cine comen las palomitas de maíz a puñados y en la mesa tienen la cuchara o el tenedor listos para metérselos en la boca cuando aún no han terminado de masticar el bocado anterior, ayudándose con tragos de alguna bebida para que pasen más rápido por su garganta y lleguen pronto a donde tienen que llegar: el estómago.

Como bien dice Alberto Askenazi, la comida es un placer y los placeres se alargan, no se acortan. Su siguiente relato es muy revelador:

«Recuerdo que en una ocasión, en el barco en que realizábamos un crucero mi esposa y yo, a la hora de la comida decidimos ir al bufé en lugar de bajar al restaurante. Me serví una hamburguesa, patatas fritas, algo de ensalada y café. La hamburguesa estaba deliciosa y yo la estaba comiendo apetitosamente. De pronto, me di cuenta de lo que estaba haciendo: tenía la boca llena y estaba masticando el bocado. En la mano derecha tenía la taza de café y en la izquierda dos patatas fritas. Me llevé el café a la boca y le di un trago (para ayudarme a pasar «rapidito» el bocado, me metí dos patatas en la boca (dos), y ya la mano derecha tomaba de nuevo el pedazo de hamburguesa que me quedaba. En ese momento me di cuenta. ¿Qué diablos estaba haciendo yo? ¿De qué se trataba? ¿Acaso no me estaba gustando la comida y por eso quería pasarla rápido? ¿Tenía que salvarme de un incendio? ¿O alguien me estaba esperando perentoriamente? ¡No! Nadie me apresuraba y la comida sí me estaba gustando. No tenía nada que hacer después, así que no tenía prisa alguna. Entonces, ¿por qué comía así?

Bajé la mano e hice una pausa, terminé de masticar, y ya sin carreras le di otro mordisco a la casi media hamburguesa que había sobrevivido a ese ataque relámpago de antes. Cuando terminé y lo tragué, tomé un trago de café, después, tomé una patata (una) y la comí de la misma forma que había comido lo anterior. Cuando terminé este triple proceso habían pasado varias cosas.

Primero: Tenía mucha angustia.

Segundo: Había saboreado cada cosa cuando estaba en mi boca.

Tercero: Había entendido que así como yo decido lo que como, también puedo decidir a qué velocidad.

Cuarto: Todavía me quedaba suficiente en el plato para seguir comiendo.

Haciendo un esfuerzo para vencer la angustia que me daba romper con una forma de comer que había tenido durante muchos años, repetí lo mismo varias veces más, hasta que terminé.

Para entonces mi esposa se había servido y comido la segunda hamburguesa, cosa que seguramente yo hubiera hecho igual.

Esto significa que habíamos comido, masticado y tragado, durante exactamente el mismo tiempo. Ella había disfrutado su comida y yo también.

¿Qué había pasado? Había entendido algo muy importante: *Se puede comer más despacio y disfrutar igual.*

Después aprendí algo más: que se disfruta el doble y se come menos.

Si sólo logra usted comer más despacio y masticar más veces (de lo que acostumbra), aunque no hiciera nada más, ése único cambio le traerá beneficios notables. Como cualquier otro cambio, no siempre es fácil. Pero vale la pena.»

Resumiendo:

– Disfruta cada mordisco y mastícalo al menos cuarenta veces. Saboréalo y siente su textura. No lo tragues hasta que el sabor desaparezca. Recuerda la antigua regla: beber los sólidos y masticar los líquidos.

– Come con la izquierda si eres diestro o con la derecha si eres zurdo. Ello te forzará a ralentizar el ritmo.

– Después de cada bocado, deja la cuchara o el tenedor reposando sobre la mesa. No lo tomes de nuevo hasta haber tragado por completo el alimento que estás masticando.

Días alternativos

Un amigo que lleva 32 enseñando artes marciales en Estados Unidos aconseja este truco a sus alumnos y parece que siempre da resultado. Se trata de comer un día normalmente, sin atiborrase, pero tampoco sin privarse de nada y al día siguiente reducir a la mitad las calorías ingeridas. Es decir, alimentándose sanamente, pero reduciendo la ración a la mitad. Parece que esto confunde de algún modo al metabolismo y el resultado es una pérdida de peso notable. Hay que continuar con esta alternancia hasta alcanzar el peso ideal.

Lavarse los dientes

Lávate los dientes y pásate el hilo dental después de cada comida, ello te ayudará a vencer la tentación.

La dieta diaria

Esta dieta está basada en el consumo de todos los alimentos, pero repartidos a lo largo de la semana, y comiendo durante un día entero sólo un tipo de alimento. Sólo debe hacerse durante 6 días, en los que se pueden perder entre 2 y 3 kilos. Prohíbe las grasas, las salsas, los dulces, el alcohol, las féculas, las lentejas y las alubias. De las frutas se excluyen los plátanos, los higos, las uvas y los frutos secos. Pueden tomarse 3 terrones de azúcar al día, 1 cucharada de aceite y 2 rebanadas de pan integral. No es recomendable para personas con problemas de diabetes, urea o de metabolismo. Durante la semana deberían repartirse los alimentos de la siguiente forma:

Lunes: Proteínas, es decir, sólo carnes que podrán tomarse con 200 gramos de verduras y una fruta.

Martes: Huevos, que pueden acompañarse con verduras y fruta.

Miércoles: Lácteos, hay que tomar leche, yogur y quesos desnatados, con arroz o puré de patatas.

Jueves: Verduras, que pueden servirse con queso Emmenthal.

Viernes: Pescado, acompañado de verduras y fruta.

Sábado: Frutas, también comiéndolas con verduras de primero.

Domingo: Se puede comer lo que apetezca, pero sin abusar.

Dietas disociadas

Las dietas disociadas permiten una pérdida notable de peso sin grandes penalidades. Esta es muy sencilla, permite realizar cuatro comidas por día: un desayuno, una comida principal, una merienda y una comida accesoria.

Desayuno y merienda

Alternativa 1: Frutas. Todas las que se deseen.

Alternativa 2: Café o té. Un yogur de dieta. Una tostada de salvado untada con mermelada de dieta.

Comida principal

3 veces por semana: pescado con ensalada.

1 vez por semana: carne magra con ensalada.

1 vez por semana: ensaladas variadas, o frutas, o arroz integral.

1 vez por semana: mariscos a tu gusto o ensaladas variadas.

1 vez por semana: pollo a la plancha con ensalada.

Comida accesoria

Sopa de verduras, 2 tomates con orégano y una ensalada mixta. Se puede agregar atún o palmitos y espárragos; también se pueden agregar mariscos.

La efedra

Considera la posibilidad de incrementar tu termogénesis tomando efedra. La efedra o hierba Ma Huang (*Ephedra sínica*) y su principal ingrediente activo –la efedrina– es considerada por muchos casi como una panacea, mientras que para otros, se trata simplemente de un estimulante, con efectos muy semejantes a la cafeína. La termogénesis (literalmente, generación de calor) es uno de los procesos mediante los cuales el organismo metaboliza (utiliza o «quema») la grasa acumulada. La termogénesis puede ser estimulada por ciertos alimentos y sustancias diversas, por la exposición del cuerpo al frío y por el ejercicio físico.

Es bastante común que la termogénesis de las personas que durante su vida han realizado muchas dietas y regímenes adelgazantes sea bastante pobre, con lo cual no sólo disminuye su facilidad para eliminar la grasa, sino que además su apetito suele aumentar. La efedrina estimula los betarreceptores de las células grasas, activando efectivamente la termogénesis.

Un estudio realizado con diez mujeres obesas crónicas que seguían una dieta de 1.400 calorías diarias mostró que la pérdida de grasa durante el tiempo en que estuvieron tomando la efedrina fue hasta cuatro veces superior a la registrada mientras tomaron el placebo. Los efectos de la efedrina suelen incrementarse cuando se la combina con ciertas sustancias como la cafeína y los salicilatos (corteza de sauce).

No deben tomar efedra quienes sufran de alguna enfermedad cardiovascular, taquicardia, hipertensión, hipertiroidismo, glaucoma o hiperplastia de la próstata. Tampoco quienes estén tomando algún tipo de medicamentos antidepresivos ni por supuesto, las mujeres embarazadas. Entre sus efectos secundarios más comunes están las taquicardias, la sequedad en la boca y el insomnio.

Precisamente por sus efectos secundarios, la venta de efedra ha sido recientemente prohibida en los Estados Unidos.

El ejercicio

Haz algún tipo de ejercicio, aunque tan solo sea caminar cada día durante 30 minutos. Muchos especialistas consideran que caminar a buen ritmo media hora cada día es lo más efectivo para perder peso. Diferentes investigaciones han demostrado que todo régimen o dieta sin realizar ejercicio físico hace más lento el ritmo metabólico por lo que a la larga, los resultados son pobres. La única forma de estimular ese ritmo metabólico es el ejercicio físico. Se calcula que en una hora andando a un ritmo normal se consumen 100 calorías, haciéndolo a buen ritmo el consumo de calorías llega a las 400. Si tienes tiempo y te gusta caminar, verás que diez kilómetros al día hacen que pierdas peso y volumen a un ritmo vertiginoso. Andar es fácil y divertido. Despeja la mente, baja la presión sanguínea y el ritmo cardiaco ¡Y es gratis!

Las ensaladas

Empieza las comidas con una ensalada. No sólo te llenarás con las fibras y comerás menos de los otros platos sino que, al tomar los hidratos de carbono separados y antes que las proteínas, facilitarás enormemente la digestión. El organismo asimilará mejor los nutrientes y éstos no se acumularán en forma de grasa. Las ensaladas son fundamentales para la buena nutrición, además de ser excelentes aliadas de tu cuerpo, pues alimentan y no engordan. Hay una que tiene fama de hacer maravillas y la puedes comer con el almuerzo en cualquier cantidad. Los ingredientes son simples: rábanos, zanahoria y pepino mezclados en la misma proporción y aderezados con zumo de limón y poca sal.

Escaleras

En lugar de usar el ascensor, sube por las escaleras. La mejor manera es poner el pie plano sobre el escalón y presionar con fuerza hacia abajo. De esta forma el otro pie y el resto del cuerpo subirán solos (y no me refiero a las escaleras mecánicas).

Escuchar al cuerpo

Para dejar de comer en exceso, es necesario empezar a escuchar al cuerpo. Por simple que parezca, es la única manera de cambiar los malos hábitos alimenticios de una vez por todas. Cuando tengas hambre, come. Cuando estés saciado, deja de comer. Estas dos sencillas normas te pondrán en el camino hacia una alimentación sana y hacia el peso ideal para el resto de tu vida.

El espino albar

Los flavonoides que contiene esta planta son capaces de disminuir el estrés, el nerviosismo y las palpitaciones. El espino albar regula y normaliza el ritmo cardiaco, mejora la circulación y la nutrición del corazón. Puede ser de ayuda para afrontar con éxito una dieta ya que te mantiene tranquilo evitando que caigas en las tentaciones. No se le conocen contraindicaciones.

La espirulina

Esta alga parece que actúa sobre los neurotransmisores causantes del hambre y es muy rica en micronutrientes lo que la hace perfecta para acompañar a las dietas restrictivas.

La dosis aconsejada es de un gramo diario, lo cual suele equivaler a tres comprimidos o cápsulas que se deben ingerir con un vaso de agua antes de las comidas. Para apreciar sus beneficios es necesario tomarla al menos durante un mes.

La estevia

La estevia o stevia (*Stevia Rebaudiana Bertoni*) es un edulcorante natural obtenido a partir de un arbusto originario de Paraguay y Brasil. Ha sido usada desde muy antiguo como edulcorante por los indios guaranís y actualmente en países como Japón, representa el 41% de todos los edulcorantes consumidos. Las hojas de la planta son 30 veces más dulces que el azúcar y el extracto unas 200 veces más. Tiene 0 calorías, o sea que su aportación calórica al organismo es nula. Es ideal para los diabéticos ya que regula los niveles de glucosa en la sangre y en algunos países incluso se la utiliza como tratamiento para la diabetes dado que parece mejorar el funcionamiento de la insulina. Independientemente de su nula aportación calórica es muy aconsejable para perder peso ya que reduce la ansiedad por la comida (para ello tomar de 10 a 15 gotitas 20 minutos antes de las comidas) y al regular la insulina, ayuda a que se almacenen menos grasas. Disminuye también el deseo o apetencia por tomar dulces y alimentos grasos. Otras ventajas son que retrasa la aparición de la placa de caries (por eso se usa también para hacer enjuagues bucales y como componente de la pasta de dientes), ayuda a reducir la tensión arterial demasiado elevada y es suavemente diurética. Todos estos notables beneficios y otros más así como la carencia total de efectos secundarios negativos nos aseguran que la estevia será el endulzante del futuro, por mucho que en la actualidad en los Estados Unidos las grandes compañías fabricantes de sustitutos artificiales del azúcar (todos ellos nocivos para la salud) le hayan declarado la guerra logrando incluso que su venta sea restringida, pudiéndose actualmente comercializar en ese país sólo como «complemento alimenticio» no como «endulzante» o «edulcorante».

Estirar los alimentos que engordan

«Estira» los alimentos que engordan. No es lo mismo comer un trozo de queso de 50 o 60 gramos que al rallarlo parece insignificante, que gratinarlo sobre las verduras. Lo mismo ocurre con 200 gramos de carne vacuna, que puede ser un filete diminuto o transformarse en un plato abundante, si se combina con vegetales en una cazuela.

La estructura ósea

Para saber si estás bien de peso, debes tener en cuenta tu contextura ósea, porque no todas las personas son iguales.

Para saber si tienes huesos pequeños, medianos o grandes, puedes utilizar como referencia tu muñeca. Pasa alrededor de ella, sobre el hueso, los dedos índice y pulgar; si tus dedos pasan uno por encima del otro, significa que tus huesos son pequeños, si apenas se tocan son medianos, y si no lo logras, definitivamente son grandes y de ellos depende tu contextura.

Los factores emotivos y psicológicos

Es frecuente que trastornos emocionales (relacionados con la familia, las amistades, las relaciones amorosas, el trabajo, etc.) sean la causa de un aumento en el consumo de alimentos. Si te sientes deprimida o triste evita entrar en la cocina y mucho menos acercarte al frigorífico. Mejor sal a la calle a distraerte. Puedes ir al cine a ver algo cómico que te relaje, al teatro, a algún museo o a un centro comercial.

Los factores socioculturales

Algunas veces, en los adultos, el éxito profesional va asociado a la cantidad de alimentos ingeridos. Este fenómeno es típico en hombres cuyas edades oscilan entre los 30 y los 40 años, periodo en el cual debe haber un mayor control de peso. Si te es difícil disminuir la cantidad de alimentos que consumes, cámbialos por alimentos más saludables, como las verduras y las frutas, los cuales te calmarán tu ansiedad por comer y te brindarán un aporte energético nulo en grasas.

La fibra

La fibra existe en tres formas diferentes: soluble, semisoluble e insoluble. Las fibras insolubles son aquellas que el sistema digestivo humano no puede descomponer, por carecer de las enzimas necesarias. Entre ellas están la celulosa del salvado de los cereales y algunas partes de las frutas y las verduras, así como la lignina de las legumbres. Esta fibra ayuda a la limpieza y a la evacuación del intestino. Entre las fibras solubles, es decir, las que son descompuestas por la acción de las enzimas digestivas, están las pectinas y los mucílagos. Desde hace ya mucho se sabe que las pectinas facilitan la curación de las heridas, retardan el paso de la glucosa desde el intestino a la corriente sanguínea, captan numerosas sustancias químicas nocivas, impidiendo su absorción e incluso contribuyen a bajar los niveles de colesterol. Luego hay fibras semisolubles, siendo la más conocida de ellas el plantago, que se menciona más adelante.

La fibra cumple un papel importante en todo plan de reducción de peso. No sólo evita que comamos en exceso haciendo que nos sintamos saciados antes, sino que además es de gran ayuda en el proceso de evacuación y está demostrado que tiene muchas otras acciones benéficas, entre ellas reducir los riesgos de contraer cáncer de colon. Pero quizás la forma en que más ayuda sea ralentizando la absorción de los hidratos de carbono en la corriente sanguínea, pues de este modo modera la liberación de insulina en la sangre con lo cual también evita los ataques de apetito generados por un excesivo nivel de insulina.

Incrementar el consumo de fibra es sencillo y sano. Además de comer alimentos ricos en fibra, como son la mayoría de las frutas y vegetales, en cualquier tienda naturista se pueden encontrar numerosos productos de fibra, tanto a granel como más concentrada, en forma de tabletas o cápsulas. En estos casos es importante seguir al pie de la letra las instrucciones, especialmente en lo que se refiere al consumo de agua. Y como siempre, no debemos olvidar que la dosis es lo que hace al veneno o a la medicina. El consumo moderado de fibra como suplemento alimenticio puede ser de gran ayuda pero tomada en exceso puede causar problemas.

El fresno

Su alto contenido en sales de potasio le confiere una notable acción diurética por lo que facilita la pérdida de peso. Destacan también sus altas propiedades antiinflamatorias, antiartríticas. Su uso es muy recomendable cuando la retención de líquidos produce problemas de edemas e hinchazón. No se le conocen contraindicaciones.

Las frituras

Evita las frituras siempre que puedas. Cocina las comidas al horno o prepáralas al vapor o a la parrilla. Notarás que incluso saben mejor. Algunos vegetales como las berenjenas, los pimientos, las cebollas y las patatas son más ricos y mucho más saludables a la parrilla. No los frías.

Las frutas y verduras

Las frutas y las verduras son los grupos de alimentos más agradecidos, porque de ellos puedes comer casi todo lo que quieras, son nutritivos, económicos y fáciles de conseguir. Además ayudan a combatir la celulitis y el colesterol y poseen un alto contenido de vitaminas y minerales.

La dieta de la fruta

Los resultados de esta dieta suelen ser espectaculares. Consiste en la ingestión de fruta casi como único alimento durante cuatro semanas. Ha de llevarse a cabo en dos etapas:

Primera etapa

Los primeros 15 días se desayuna y se come al mediodía una fruta de nuestra elección, que deberá ser la misma durante las dos semanas. Es preferible que no sea ni melón ni sandía, ya que contienen mucha agua y no generan la sensación de estar saciado. Para la cena, tomaremos siempre uvas, entre 250 gramos y 1 kilo.

Segunda etapa

La segunda etapa dura dos semanas más. En la primera semana se come únicamente fruta, cualquier fruta y la cantidad que la persona desee, acompañada de queso tipo Cottage. Se debe procurar comer poca cantidad de queso, un máximo de 250 g por día. La segunda semana se empezará a incluir verduras en la comida y se seguirá con frutas en el desayuno y la cena.

Recomendaciones

Durante las cuatro semanas de dieta, se deberán tomar por las mañanas y por las noches, 4 pastillas de alga espirulina y 1 de jalea real. La espirulina aporta proteínas y la jalea real, energía.

Al terminar la dieta debe volverse a la carne de forma paulatina, y preferentemente tomar carne magra asada. Si se presenta algún malestar durante la dieta, deberá interrumpirse ésta una semana, antes de intentarla nuevamente.

El fucus

Esta alga frena el apetito e impide la absorción de ciertos nutrientes. Sus oligoelementos y sustancias vitales reequilibran el organismo. Es muy útil para ayudar a eliminar la sensación de hambre y de vacío que provocan la mayoría de las dietas de adelgazamiento y además estimula el metabolismo. Por su alto contenido en yodo no es recomendable para personas con problemas de hipertiroidismo.

La garcicia cambogia

Es una planta contiene ácido didroxicítrico, el cual disminuye la transformación de azúcares en grasas. Reduce el tamaño de los depósitos adiposos y hace descender los niveles de colesterol. Además, elimina las ganas de consumir azúcar. No se le conocen contraindicaciones.

La gymnema silvestre

Esta hierba ha sido usada durante más de dos mil años por la medicina ayurvédica para controlar los problemas relacionados con el metabolismo de los hidratos de carbono. Estudios realizados con animales han confirmado que reduce efectivamente los niveles de azúcar en la sangre disminuyendo la necesidad de insulina, además de reforzar el funcionamiento del hígado y del páncreas, órganos que funcionan pobremente en toda persona obesa. Y por si esto fuera poco, otra de sus propiedades curiosas es que parece reducir la necesidad de consumir dulces afectando de algún modo a las papilas gustativas.

El glucomanano

Esta planta es capaz de absorber más de 100 veces su volumen en agua, con lo que llena fácilmente el estómago. Reduce la necesidad de ingerir alimentos y no aporta calorías. Es muy práctica para evitar la sensación de hambre si estás a dieta, pero también se puede tomar simplemente con el fin de comer menos. No se le conocen contraindicaciones, aunque para que sea efectivo hay que tomarlo 30 minutos antes de las comidas

La grasa

Aunque parezca mentira, para adelgazar de un modo efectivo y saludable la grasa no debe eliminarse del todo, pues es fundamental para atender el metabolismo. Toda dieta saludable y efectiva debe incluir ácidos grasos esenciales como los que se encuentran en muchos pescados y semillas.

Eliminar grasa

Una forma de desgrasar los alimentos es preparar algunos de ellos con un día de antelación. Así la grasa se solidifica y se puede retirar con facilidad antes de calentar.

La dieta de los grupos sanguíneos – Alimentos que engordan y alimentos que adelgazan a cada grupo

La dieta de los grupos sanguíneos comenzó a difundirse a mediados de la década de los 90, al ser publicados los trabajos del médico naturista norteamericano Peter d'Adamo y está causando una cierta conmoción en todo el mundo. El entusiasmo de quienes por fin han encontrado una manera fácil y agradable de mantenerse delgados y sanos se confunde con el sarcasmo y la incredulidad de otros. Sin embargo, la base de esta dieta parece muy sólida e incluso explicaría el eterno gran dilema de todas las dietas: por qué funcionan para unas personas y para otras no. Todo parece indicar que ante ciertos alimentos, el organismo de unas personas no reacciona como el de otras. No todos somos iguales. Según el Dr. D'Adamo, la clave de estas diferencias está en la sangre. El tipo de sangre que corre por nuestras venas ejercería una poderosa influencia sobre nuestra vida, determinando las enfermedades a las que somos propensos, los alimentos que son más adecuados para nosotros y también aquellos que no lo son. Según sea nuestro grupo sanguíneo, unos alimentos nos harán engordar y otros nos ayudarán a adelgazar. Curiosamente, los alimentos que no son debidamente asimilados por nuestro organismo son los que nos hacen engordar. Mientras que aquellos que son metabolizados perfectamente, es decir, los más adecuados para nuestro tipo especial de sangre, no sólo no nos hacen acumular kilos, sino que ayudan a fundir la grasa almacenada. Al alimentarte de acuerdo con tu tipo sanguíneo estarás siguiendo una dieta totalmente equilibrada. Tu metabolismo se ajustará a su nivel normal y las calorías serán quemadas con mucha más eficiencia. El sistema digestivo procesará los nutrientes de un modo mucho más eficaz, reduciendo la retención de líquidos. En un breve tiempo el exceso de grasa desaparecerá y mantendrás tu peso ideal sin esfuerzo alguno.

Con la dieta de los tipos sanguíneos es muy fácil alimentarse sanamente y lograr el peso ideal. No es necesario estar todo el tiempo contando calorías ni pesar meticulosamente los alimentos que vas a consumir. Esta dieta considera tres categorías de alimentos para cada tipo de sangre: saludables, neutros y perjudiciales. Los alimentos saludables actúan como una medicina, los neutros complementan la nutrición, es decir, no sanan pero tampoco empeoran, mientras que los perjudiciales, dependiendo de la dosis, son un veneno para el cuerpo. Curiosamente, alimentos que para un tipo de sangre son saludables y le ayudan a adelgazar, son perjudiciales para otro, y le hacen engordar. La siguiente es una relación de los alimentos más benéficos y de los más perjudiciales para los cuatro tipos de sangre: O, A, B y AB:

Las personas con sangre de tipo O

El grupo sanguíneo O es el más antiguo de todos. Se cree que surgió hace 40.000 o 50.000 años. En aquella época el hombre se alimentaba primordialmente de caza, tomando alguna fruta esporádicamente. Por esto el organismo de las personas con sangre de tipo O es el que mejor procesa la proteína y la grasa animal. En los Estados Unidos más del 50% de la población es de sangre tipo O. En los pueblos que en la actualidad siguen siendo cazadores, como los esquimales y algunas tribus africanas, prácticamente la totalidad de los individuos son de sangre tipo O.

Para perder los kilos que les sobran y mantener un peso ideal las personas de tipo O deberán comer carne y pescado en abundancia y suprimir o restringir al mínimo su consumo de pan, de maíz, de frijoles y alubias, de lentejas, de col y de coliflor. En ellas, este tipo de alimentos hace que las calorías sean quemadas a fuego lento y terminen almacenadas en forma de grasa. El mayor enemigo de las personas obesas con sangre del tipo O es el gluten del trigo. La mayoría de estas personas pierde rápidamente peso tan sólo eliminando de su dieta cualquier tipo de pan (incluido el pan integral). El maíz tiene un efecto parecido, aunque no tan drástico. Otro problema bastante común en los individuos cuya sangre es del grupo O es un pobre funcionamiento de la glándula tiroides. Al no disponer de suficiente hormona tiroidea, el cuerpo tiende a retener los líquidos y a aumentar de peso. Por ello los alimentos ricos en yodo, sustancia que estimula a la glándula tiroides, suelen tener un marcado efecto adelgazante sobre estas personas. Entre estos alimentos están las algas marinas, el pescado y los mariscos. Las carnes rojas (ternera, cordero, caza, hígado) les hacen adelgazar porque estimulan su metabolismo.

Alimentos que adelgazan a las personas con sangre del tipo O:

Las algas marinas: contienen yodo, que estimula la producción de la hormona tiroidea
Las carnes rojas: estimulan el metabolismo.
El brócoli y las espinacas: estimulan el metabolismo.
Los mariscos: contienen yodo.
El pescado de mar: por su contenido en yodo.
La sal yodada: contiene yodo.
El hígado: es una fuente de vitamina B y estimula el metabolismo.
El té Pu-Erh: mejora la asimilación de las proteínas y la función intestinal.
La hierba mate: estimula el metabolismo.

Alimentos que les engordan:

El gluten de trigo: hace más lento el metabolismo e interfiere en la eficiencia de la insulina.
Los copos de cereales para desayuno (avena, etc.): hacen más lento el metabolismo e interfieren con la eficiencia de la insulina.
El maíz: hace más lento el metabolismo (incluidas las palomitas de maíz).

La coliflor: inhibe la producción de la hormona tiroidea.

Las coles de Bruselas: inhiben la producción de la hormona tiroidea.

Las lentejas: dificultan el adecuado metabolismo de los nutrientes.

Las judías/frijoles: dificultan la utilización de las calorías.

La col blanca: inhibe la producción de la hormona tiroidea.

Las personas con sangre de tipo A

El tipo de sangre A surgió cuando el hombre dejó de ser cazador y se dedicó a la agricultura. El organismo tuvo entonces que adecuarse a una dieta con muy poca o ninguna carne. La persona obesa con sangre de tipo A comenzará a perder peso rápidamente en cuanto elimine de su dieta la carne y otros alimentos perjudiciales para ella. Al mismo tiempo notará que siente más dinamismo. De hecho, las dificultades que su sistema digestivo tiene para procesar la carne, hacen que esta termine almacenada como grasa, además de estimular la retención de líquidos. La leche y sus derivados tampoco son bien digeridos por las personas con sangre de tipo A. Además de alterar el funcionamiento de la insulina, son muy ricos en grasas saturadas, las cuales son un peligro para el corazón y pueden llevar a la obesidad y a la diabetes. El trigo y el pan no son alimentos prohibidos para ellas, pero sí deben tomarlos con mucha prudencia ya que un consumo excesivo haría que su tejido muscular se volviera demasiado ácido. Y finalmente, una legumbre que deben evitar son las habas, pues interfieren en las enzimas digestivas y hacen más lento su metabolismo.

Entre los alimentos que más estimulan la pérdida de peso en las personas con sangre de tipo A está la piña americana, pues favorece la evacuación intestinal, además contiene una enzima, la bromelina, que potencia el metabolismo y reduce el apetito. Otros alimentos convenientes para quienes quieran perder peso teniendo sangre del tipo A son el té verde, que además ejerce una protección muy efectiva contra el cáncer y otras enfermedades, también el aceite de oliva, las verduras en general y los productos de soja, pues ayudan a su proceso digestivo y mejoran su metabolismo.

Alimentos que adelgazan a las personas con sangre del tipo A:

El aceite de oliva: evita la retención de líquidos. Ayuda a que la digestión sea más eficiente.

Los alimentos de soja: ayudan en la digestión y son fácilmente asimilados.

Las verduras: favorecen la evacuación intestinal y mejoran el metabolismo.

La piña: favorece la evacuación intestinal. Contiene una enzima, la bromelina, que potencia el metabolismo y reduce el apetito.

El té verde: estimula el metabolismo.

El amaranto: Produce una notable sensación de plenitud. Además, por su alto contenido en minerales y proteínas, puede sustituir de una manera ideal a los productos de carne y a los lácteos.

Alimentos que les engordan:

La carne: no es bien digerida por las personas con sangre tipo A, hace que aumenten las toxinas intestinales y termina siendo almacenada como grasa. Pueden comer carne de ave, pero en cantidades moderadas.

La leche y sus derivados: interfieren con las enzimas digestivas inhibiendo el metabolismo de los nutrientes. Además excitan la secreción de insulina, lo cual favorece la acumulación de reservas en forma de grasas.

Las habas: interfieren con las enzimas digestivas y ralentizan el metabolismo.

El pan y otros productos de trigo: Cuando se consumen en exceso inhiben la eficiencia de la insulina y hacen que sea más pobre la utilización de las calorías.

Las personas con sangre del tipo B

El tipo de sangre B es otra mutación que ocurrió hace muchos miles de años, cuando el hombre comenzó a dedicarse al pastoreo. Por eso las personas con sangre tipo B pueden asimilar perfectamente la leche y sus derivados, algo que no consiguen ni las que tienen sangre tipo O ni las de tipo A. Sin embargo para ellas el alimento más nefasto es el pollo, aunque deberán también evitar el maíz, las lentejas y las legumbres en general y deberán procurar disminuir el consumo de trigo y de productos derivados de trigo, como los diversos tipos de pan. Todos estos alimentos hacen más lento su metabolismo, dificultan la función de la insulina y suelen terminar siendo acumulados en forma de grasa en los lugares menos convenientes. Y entre los alimentos que les estimulan la pérdida de peso están los vegetales con hojas verdes, la carne magra, el hígado y los huevos, así como los productos lácteos con poca grasa. El té de regaliz tiene también efectos adelgazantes en las personas con sangre del tipo B, pues combate la hipoglucemia.

Alimentos que adelgazan a las personas con sangre del tipo B:

Vegetales verdes: hacen más eficiente el metabolismo; además, la fibra que contienen genera una agradable sensación de plenitud.

La carne: hace más eficiente el metabolismo.

Hígado: hace más eficiente el metabolismo.

Huevos: hacen más eficiente el metabolismo.

Productos lácteos con pocas grasas: hacen más eficiente el metabolismo.

Té de regaliz: contrarresta la hipoglucemia.

El kéfir: ayuda a la función intestinal y proporciona sensación de saciedad.

La piña: facilita la digestión e impide la retención de líquidos.

Alimentos que les hacen engordar:

El maíz: disminuye la eficiencia de la insulina, causa hipoglucemia y hace más lento el ritmo metabólico.

Las lentejas: causan hipoglucemia y hacen más lento el ritmo metabólico. Dificultan la asimilación de los nutrientes.

Las legumbres en general: no transmiten la sensación de estar saciado.

Los cacahuetes: hacen menos eficiente el metabolismo.

La semilla de sésamo: disminuye la eficiencia de la insulina, causa hipoglucemia.

El trigo y sus derivados: hace más lenta la digestión y menos eficiente el funcionamiento de la insulina. Ayuda a que los alimentos sean almacenados en forma de grasa.

El trigo sarraceno: causa hipoglucemia y hace más lento el ritmo metabólico.

Las personas con sangre del tipo AB

Consecuencia de su herencia de los tipos A y B, a las personas del tipo AB les hacen aumentar de peso el maíz, las alubias y judías, así como el trigo y los productos de trigo, ya que inhiben la eficiencia de su insulina y retardan su ritmo metabólico. Entre los alimentos que favorecen una pérdida de peso destacan la piña, las algas marinas, el pescado y las verduras de hojas verdes, pues todos ellos mejoran la eficiencia de la insulina y aceleran ligeramente el metabolismo de estas personas.

Alimentos que adelgazan a las personas con sangre del tipo AB:

El tofu: hace más eficiente el metabolismo.
El pescado: hace más eficiente el metabolismo.
La leche y sus derivados: mejoran la producción de insulina.
Las verduras: hacen más eficiente el metabolismo.
Las algas marinas: mejoran la producción de insulina.
La piña: mejora el funcionamiento intestinal.

Alimentos que les hacen engordar:

Las carnes rojas: las digieren con dificultad y terminan siendo almacenadas en forma de grasa.
Todo tipo de judías/alubias/frijoles: disminuyen la eficiencia de la insulina y les causan hipoglucemia.
La semilla de sésamo: disminuye la eficiencia de la insulina, causa hipoglucemia.
El maíz: disminuye la eficiencia de la insulina, causa hipoglucemia y hace más lento el ritmo metabólico.

El trigo: hace más lenta la digestión y menos eficiente el funcionamiento de la insulina, ayudando a que los alimentos sean almacenados en forma de grasa.

El trigo sarraceno: causa hipoglucemia y hace más lento el ritmo metabólico.

Los plátanos: son rápidamente convertidos en grasa.

La guaraná

Incrementa el ritmo metabólico y acelera la combustión de las grasas. Es un excelente elixir a la hora de combatir la fatiga y la astenia. Ayuda a perder peso sin reducir la vitalidad. Pero no deben tomarla quienes sean sensibles a la cafeína.

Come lo que te guste

Muchas veces, para perder peso de forma definitiva no son necesarios grandes cambios en la alimentación. Es muy importante que disfrutemos de nuestra comida. Come lo que te gusta, pero aprende a comer un poquito menos y a disfrutarlo más. Esta sencilla regla te llevará a un importante cambio en tu estilo de vida, que además será para siempre. Cuando a un sabio oriental le preguntaron si podía resumir toda su sabiduría en una frase, dijo: «Cuando como, como y cuando duermo, duermo». Sin duda era un sabio muy delgado, pues disfrutaba al máximo su comida y no veía la televisión.

Hambre

Esta debería ser la regla de oro, no sólo de cuantos deseen adelgazar, sino de todo el que quiera permanecer sano y disfrutar realmente de la vida: No comer nunca hasta no estar realmente hambriento. «La desgracia del pobre es no tener comida para su hambre, la del rico es no tener hambre para su comida». Las enfermedades que hoy aquejan al mundo occidental son casi todas enfermedades de ricos. Muchas de ellas se curarían solas, si fuéramos capaces de comer sólo cuando tuviéramos hambre, y si al comer, lo hiciéramos con plena consciencia, eligiendo cuidadosamente nuestros alimentos y masticando al menos 40 veces cada bocado.

Hierbas aromáticas

Para dar buen sabor a los alimentos sin necesidad de exagerar el uso de aceites o grasas agrega hierbas aromáticas y especias. Así, incluso se pueden conseguir distintos sabores en un mismo plato.

El hinojo

El hinojo fue muy utilizado en la Edad Media, especialmente en las épocas de hambre y escasez. Esta planta ha caído casi en el olvido en nuestros días, sin embargo posee extraordinarias cualidades diuréticas y adelgazantes, además de calmar el apetito. Puede utilizarse en forma de té y también se pueden consumir sus hojas, ya sea en ensalada o cocinadas de muy diversas formas.

La hipnosis

Las sugestiones hipnóticas pueden ser muy efectivas para consolidar el proceso de adelgazamiento y cambiar los hábitos alimenticios erróneos pues pueden convertir en desagradables los alimentos y las bebidas que más nos están dañando. Asimismo, pueden estimularnos a beber más agua y a realizar ejercicio físico. Esta puede ser una herramienta de enorme valor para liberarnos de nuestros malos hábitos (alimenticios u otros) y lograr una vida más sana y más feliz. Como siempre, el problema es encontrar un buen profesional. Hay que huir de los aficionados y tampoco es muy aconsejable tratar de hacerlo mediante la autohipnosis, escuchando las cintas grabadas por uno mismo. Tan importante o más que las palabras es la forma en que son pronunciadas, las sutiles inflexiones de la voz en el momento adecuado, algo que sólo un profesional podrá hacer a la perfección.

El hisopo

Tomado en infusión, se cree que contribuye muy favorablemente a eliminar los depósitos de grasa corporales.

El humor

Una de las formas más efectivas de evitar comer cuando no debemos hacerlo es recurrir al humor. Reúne cintas de chistes verdaderamente graciosos (lo cual ciertamente no es fácil) y vídeos de películas cómicas antiguas o modernas para verlos en esos momentos de depresión que pueden terminar en un nocivo exceso de comida. Además, la risa, por sí sola, consume un número notable de calorías.

Infusiones adelgazantes

Tomar tres tazas al día de una infusión de cabellos de maíz, semillas de perejil, uva ursi o cola de caballo. Su efecto diurético ayudará a la eliminación del exceso de agua acumulado en el organismo

El juego

Si tienes hijos, juega con ellos. Pero a juegos que requieran movimiento físico (por si ya estabas pensando en el dominó). A tus hijos les encantará y tú te beneficiarás más de lo que te imaginas.

L-Carnitina

La L-Carnitina es un aminoácido que nos llega básicamente en la carne (sobre todo la de cordero o carnero) aunque también es producido por el organismo, principalmente en el hígado y en los riñones. Actúa como un biocatalizador ayudando a transportar los ácidos grasos a través de las membranas de las células y a llevarlos a los mitocondrios, que es donde son quemados y convertidos en energía. También ayuda a eliminar los productos de desecho de los mitocondrios celulares. Al mismo tiempo incrementa la oxidación de las grasas en el hígado, por lo que también desde ese punto contribuye a la generación de energía. Su efecto sobre el metabolismo de las grasas está demostrado hasta el extremo en que el Physycian's Desk Reference norteamericano (libro de referencia de los médicos) recomienda una dosis de entre 600 y 1200 miligramos tres veces al día para el tratamiento de algunas enfermedades del corazón y de ciertos desórdenes relacionados con el metabolismo de las grasas. La deficiencia celular de L-Carnitina genera síntomas como fatiga, debilidad muscular, obesidad y niveles sanguíneos elevados de grasas y triglicéridos. Los testimonios de personas obesas que notaron una gran ayuda al tomar suplementos de L-Carnitina son abundantes. No es un complemento problemático, pero existen opiniones contradictorias acerca de si las personas con problemas de hígado o de riñón deben tomarla. Por el momento, tal vez en estos casos lo mejor sea abstenerse.

Limón por las mañanas

Cada mañana, al levantarse, tomar el zumo de un limón exprimido, disuelto en un vaso de agua.

La macrobiótica

Este sistema de alimentación fue puesto a punto por George Oshawa, en Japón, y se basa en la búsqueda del equilibrio físico y emocional a través de una alimentación equilibrada. Divide los alimentos en Yin y Yang. Los alimentos Yang tienen una energía «caliente», tonificante y que contrae. Entre ellos están los cereales, el pescado, la carne, la sal, algunas raíces comestibles, etc. Por su parte los alimentos Yin poseen una energía «fría», dispersante y debilitante. Entre ellos se encuentran el azúcar, la miel, los lácteos (leche, quesos y yogures), las frutas (sobre todo las tropicales como el plátano, la papaya, el mango, la piña, el kiwi, etc.) y verduras como la patata, la berenjena, el tomate y la remolacha. El alcohol también es Yin.

Entre las principales ventajas de esta dieta está el hecho de que elimina todos los productos refinados como el azúcar blanco, el pan blanco, los embutidos, los dulces industriales, las bebidas alcohólicas, los refrescos carbónicos, etc. Recupera los cereales integrales y cultivados sin pesticidas como parte importante de la dieta e introduce las algas marinas, no como un condimento exótico, sino como una parte importante del menú diario.

Mantequilla

Evita siempre que puedas el uso de la mantequilla y de las margarinas, pues todas ellas son ricas en grasas parcialmente hidrogenadas. Además de engordar son nocivas para la salud. A la hora de preparar un sándwich, úntalo con aguacate machacado. Además de ser delicioso, el aguacate aporta tan sólo 25 calorías por cucharada y 2,5 gramos de grasa altamente monoinsaturada, en lugar de las 100 calorías y 11 gramos de grasa de la mantequilla.

Dieta de la manzana

Esta dieta está recomendada para la desintoxicación del cuerpo y para prepararlo si vamos a iniciar una dieta de régimen largo y controlado. Con ella es posible bajar entre 4 y 7 kilos en una semana. Hay que beber dos litros de agua al día como mínimo.

Primer día

Desayuno: Manzanas, las que te apetezcan.

Comida: Manzanas, las que te apetezcan.

Cena: Manzanas, las que te apetezcan.

Segundo día

Desayuno: Manzanas, las que quieras.

Comida: Una ensalada verde sin aderezo, sólo limón o vinagre con queso cottage, poca sal y dos litros de agua durante el día.

Cena: Manzanas, las que quieras.

Tercer día

Desayuno: Un panecillo integral, una loncha de jamón de pavo y una manzana.

Comida: Una ensalada verde abundante, que incluya zanahoria y apio.

Cena: Manzanas, las que quieras.

Cuarto día

Desayuno: Un panecillo integral, una loncha de jamón de pavo y una manzana.

Comida: Ensalada de verduras al vapor, sin patatas, atún natural o cangrejo, aderezar con limón.

Cena: Un plato de arroz inflado con una taza de leche descremada.

Quinto día

Desayuno: Una manzana, un huevo cocido y un panecillo integral.

Comida: Una ensalada de verduras crudas y carne asada, la que te apetezca.

Cena: Manzanas, las que quieras.

Observaciones

Lo primero que baja es el abdomen y la cintura, puede ser que a veces salga un poco de acné debido a la desintoxicación y en algunas ocasiones, podrías notar un leve dolor de estómago debido al cambio de alimentación. Después de terminar la dieta se deben evitar la carne de cerdo y las grasas. Hay que tomar diariamente un mínimo de 8 vasos de agua y evitar refrescos con gas, aunque sean de dieta. No se debe practicar ejercicio mientras se hace esta dieta y hay que dormir bastantes horas.

El marrubio

Existen numerosos testimonios de personas que han adelgazado tomando diariamente infusiones de esta planta, también conocida como toronjil en algunos países sudamericanos.

La mayonesa

Puedes sustituir la mayonesa que normalmente se hace con huevo, por una preparada con yogur. Tiene un sabor parecido y contiene mucha menos grasa.

Ir al médico

Algo que toda persona con un problema real de obesidad debería hacer antes de iniciar cualquier dieta o programa de adelgazamiento es visitar al médico. Si sientes hambre constantemente o te duele la cabeza si no comes, puedes tener un principio de úlcera, o el nivel de azúcar bajo, o diabetes, o un desequilibrio en la tiroides. Si tienes excesivos deseos de comer ciertos alimentos, tal vez tu organismo tenga deficiencia de algún nutriente contenido en ese alimento. Si después de tomar ciertas comidas sientes pesadez o cansancio, puedes padecer algún desorden digestivo o tener problemas de vesícula, o incluso alguna alergia.

Todas estas posibilidades deben ser descartadas antes de incorporar cambios drásticos en los hábitos alimenticios.

La mejor dieta

La mejor dieta es no hacer dieta, sino comer como queremos comer durante el resto de nuestra vida. Comer para vivir, no vivir para comer. Elige algunos de los consejos incluidos en este libro que puedas aplicar con facilidad. Síguelos y no te compliques más la vida. Cambios muy pequeños pueden suponer grandes logros. Si en tu desayuno acostumbras a tomar un cruasán y desde ahora lo sustituyes por una tostada estarás ahorrando 100 calorías al día, que al año serán ¡cinco kilos! Muchas personas adelgazan simplemente reduciendo a la mitad su consumo de pan.

Té de melón

Refrescante y diurético, una infusión de esta fruta agiliza el funcionamiento del metabolismo y de esta manera colabora con el adelgazamiento. Lo ideal es beber dos tazas en ayunas o ingerir un vaso de zumo de melón inmediatamente después de despertarse. Para elaborar el té, simplemente deberás lavar y cortar en cubos un cuarto de melón. Una vez que el agua hierva, apaga el fuego, deja reposar la preparación y bébela.

El método de Montignac

El principio de esta dieta es evitar comer grasas e hidratos de carbono en la misma comida. Tampoco se puede tomar azúcar ni alimentos que lo contengan y la fruta se permite sólo en ayunas, no de postre. Contempla siete grupos de alimentos:

Grupo 1:   Proteínas (carne, pollo, pescado).
Grupo 2:   Hidratos de carbono y féculas (patatas, pasta, arroz).
Grupo 3:   Legumbres.
Grupo 4:   Verduras.
Grupo 5:   Frutas.
Grupo 6:   Frutos secos.
Grupo 7:   Grasas.

El régimen consiste en comer alimentos de los distintos grupos, pero sin mezclar unos con otros. No deben mezclarse alimentos del grupo 1 con los del grupo 2. Los alimentos del grupo 3 tampoco deben comerse junto a los del grupo 1 y al principio de la dieta deben evitarse totalmente los alimentos de los grupos 6 y 7. Esta dieta debe seguirse durante un mes, perdiendo 1 kilo por semana. No es aconsejable para las personas con problemas cardiovasculares o con niveles altos de colesterol.

La dieta de la NASA

Esta dieta hizo su aparición durante la época de esplendor de los vuelos espaciales. Es extremadamente hipocalórica. Con ella se pueden perder hasta 10 kilos en dos semanas, pero también te puedes matar de hambre durante 14 días para luego recuperar rápidamente lo perdido en cuanto regreses a tu alimentación habitual. Bajo ningún concepto debe realizarse durante un tiempo superior a dos semanas. Este es el menú semanal:

Lunes

Desayuno: Café solo.

Comida: Tres huevos duros con verduras y tomate.

Cena: Un filete mediano de pollo o ternera a la plancha con ensalada verde.

Martes

Desayuno: Café o té.

Comida: Un filete de ternera mediano a la plancha con ensalada verde.

Cena: Siete lonchas finas de jamón cocido.

Miércoles

Desayuno: Café o té y una tostada.

Comida: Una ensalada de lechuga, apio, tomate y espárragos. Una naranja.

Cena: Dos huevos duros o en tortilla francesa. Cinco lonchas de jamón cocido y una ensalada verde.

Jueves

Desayuno: Café o té y una tostada.

Comida: Un huevo duro. Tres zanahorias ralladas y siete lonchas de jamón cocido.

Cena: Ensalada de frutas variadas (naranja, pera, fresas, piña, kiwi, etc.) y un yogur descremado y sin azúcar.

Viernes

Desayuno: Café o té. Cinco lonchas de jamón cocido. Una taza de zanahorias hervidas.

Comida: Dos rodajas de pescado cocido o a la plancha (de cualquier tipo). Una taza de zanahorias hervidas.

Cena: Un filete de pollo o ternera grande, cocido o a la plancha.

Sábado

Desayuno: Café o té.

Comida: Un cuarto de pollo asado, sin piel y con limón. Una ensalada verde.

Cena: Dos huevos duros y una taza de zanahorias ralladas.

Domingo

Desayuno: Café o té.

Comida: Un filete de pollo o ternera grande, cocido o a la plancha. Una naranja.

Cena: Se puede elegir cualquier cena de los días anteriores.

Observaciones

Se recomienda tomar dos litros de agua al día. No se puede comer ni más ni menos que lo indicado y tampoco se puede sustituir un alimento por otro. Se pueden tomar todas las infusiones que se deseen, sin azúcar. Las comidas no se pueden condimentar con aceites, mantequilla ni margarina, tan sólo se podrán usar dos cucharadas de aceite de oliva al día. Se puede tomar todo el vinagre de manzana que se quiera.

No beber mientras se come

Un truco que funciona es no beber nada mientras se come. Uno mastica más, se siente antes lleno y la comida satisface más que si se la empuja constantemente hacia abajo con algún líquido, a veces, incluso a mitad de masticar.

Usa la olla a presión

Para cocer las verduras, usa la olla a presión, pues conserva mejor los sabores.

La ortiga

Además de ser diurética y depurativa, la ortiga estimula ligeramente el ritmo metabólico y puede combinarse muy bien con otras infusiones. Y no sólo ayuda a eliminar los líquidos y las impurezas retenidas sino que también es ideal para mejorar el aspecto del cabello y detener su pérdida.

Paciencia

Si son muchos los kilos que tienes que perder, la clave es la paciencia. No te marques una fecha límite. Cuanto más lenta sea la pérdida y menos esfuerzo te cueste seguir el nuevo plan de vida y de alimentación, más sanos y duraderos serán los cambios. Felicítate y prémiate de vez en cuando por lo que ya has logrado.

Las palomitas de maíz

Prepáralas en casa. Las que venden en los cines son las que más grasa tienen.

Las pasas

Si tu problema es que te mueres por los alimentos dulces, puedes empezar a comer pasas, que son deliciosas, nutritivas y fáciles de llevar a cualquier parte.

La dieta de la pasta

Con esta dieta se pueden adelgazar entre 5 y 6 kilos al mes. Debe hacerse tal como se indica, aunque no es excesivamente rigurosa en cuanto a las cantidades de cada alimento.

Se seguirá 6 días a la semana, dejando libre el domingo, en el que se podrá comer libremente lo que se desee, aunque sin abusar de las grasas y los dulces.

Es importante no tomar azúcar en las infusiones ni en los zumos.

Lunes
Desayuno: Café, té u otra tisana y 1 fruta del tiempo.

A media mañana: Un zumo de naranja.

Comida: Una ración de pollo asado o hervido y aromatizado con especias, acompañado con verdura hervida.

Merienda: Zumo de frutas.

Cena: Pasta con alcachofas hervidas y rehogadas y verduras al horno.

Martes

Desayuno: Biscotes con mermelada sin azúcar y una infusión de ortigas.

A media mañana: Zumo de frutas.

Comida: Una ración de pescado (excepto crustáceos o moluscos) asada al horno con agua y especias o bien a la sal, y verduras al vapor.

Merienda: Zumo de frutas.

Cena: Arroz integral con calabacín y verdura hervida.

Miércoles

Desayuno: Infusión de hierbas y fruta del tiempo.

A media mañana: Zumo de fruta.

Comida: Queso fresco desnatado y verdura al vapor.

Merienda: Zumo de frutas.

Cena: Cuscús con tomate fresco y perejil acompañado de verduras hervidas.

Jueves

Desayuno: Pan tostado con mermelada sin azúcar y una infusión de hinojo.

A media mañana: Zumo de fruta.

Comida: Una ración de carne de ternera a la plancha y verdura hervida.

Merienda: Zumo de fruta.

Cena: Pasta con guisantes y verduras al horno.

Viernes

Desayuno: Tisana y fruta del tiempo.

A media mañana: Zumo de naranja.

Comida: Ración de pescado al horno y verduras al vapor.

Merienda: Zumo de fruta.

Cena: Sopa de trigo con verduras y verduras al horno.

Sábado

Desayuno: Biscotes con mermelada sin azúcar y 1 infusión de malva.

A media mañana: Zumo de naranja.

Comida: Conejo a la cazuela y verdura hervida.

Merienda: Un zumo de fruta.

Cena: Pasta con ajos tiernos rehogados en un poco de aceite y verduras al horno.

Para bajar la panza

L as infusiones de barbas de maíz, bardana y manzanilla son muy útiles para aplanar el vientre y desinflamar los intestinos. Una combinación de las tres hierbas es óptima y sus efectos son muy notables si se toma tres veces al día, al tiempo que se sigue cualquiera de las dietas detalladas en este libro. Los abdominales también ayudan pero por sí solos son incapaces de rebajar la barriga.

La pasiflora

L os flavonoides y alcaloides de esta planta propician el sueño natural y luchan contra los estados de ansiedad. No crea hábito ni dependencia por lo que puede utilizarse para sustituir a los somníferos tradicionales. Al ser un excelente sedante natural, puede tomarse habitualmente para evitar momentos de ansiedad que suelen acompañar a muchas dietas drásticas. No se le conocen contraindicaciones.

Los pasteles

N o comas la base de los pasteles. Así dejarás de ingerir la grasa que lleva la masa y la que ha absorbido del molde.

La dieta de la patata

Lava un kilo y medio de patatas sin pelar y ponlas en el horno a asar hasta que la piel esté crujiente. Una vez cocidas, divídelas en seis porciones, para comerlas a lo largo de la jornada. Es mejor consumirlas al natural, sin añadirles sal, ni mantequilla ni aceite. Acompaña cada comida con agua y bebe también fuera de las comidas hasta llegar a completar una dosis de tres litros al día. No es aconsejable realizar esta dieta más de tres días seguidos. En los tres días se pierden aproximadamente tres kilos. Si te resulta muy aburrido comer patatas todo el día, puedes reservar esta opción para las cenas, haciendo entonces una cura de al menos dos semanas. Evita comer cereales y otros hidratos de carbono junto con las patatas. Otra variante consiste en comer cada día, durante dos semanas, un kilo de patatas asadas o hervidas al vapor y condimentadas con un poco de aceite o mantequilla, acompañadas de 300 g de carne magra a la plancha (ternera, conejo o pollo). Esta dieta ha sido utilizada desde la antigüedad para limpiar el intestino.

Situaciones patológicas

Alrededor del 5% de los casos de problemas de peso están relacionados con trastornos metabólicos, los cuales por lo general tienen que ver con el funcionamiento de las glándulas endocrinas (hipófisis, tiroides, suprarrenales, etc.). Si notas que tu peso aumenta considerablemente a pesar de llevar una dieta saludable y comer con moderación, puede que estés padeciendo algún trastorno de este tipo. Consulta a un especialista en endocrinología para que te saque de dudas.

La pavolina

Las virtudes calmantes y sedantes de esta planta se deben a los alcaloides que contienen sus pétalos. Además de facilitar el sueño, calma la tos y las irritaciones de garganta y puede ser de gran ayuda cuando los cambios en la alimentación provocan alteraciones del sueño. No se le conocen contraindicaciones. Pueden utilizarla incluso los niños y los ancianos.

La pectina de manzana

Es una fibra alimenticia muy accesible y su acción es totalmente mecánica. Tomada antes de las comidas provoca saciedad formando en el estómago un gel saciante que no se asimila. Además captura parte de los azúcares y de las grasas de los alimentos y retrasa la absorción intestinal de los alimentos ingeridos. Se debe preparar una bolsa de 3 gramos en un cazo grande de agua y tomarse media hora antes de cada comida.

Pensar y actuar «delgado»

Algunos expertos en nutrición sostienen que para adelgazar hay que visualizarse, concebirse e imaginarse como una persona delgada, pero también pensar (en relación a la comida) y comportarse como una persona delgada. Según esos expertos, el camino al estómago no comienza en la boca sino por la mente. Dicen que la principal razón por la cual muchas personas se mantienen envidiablemente delgadas no radica en que la naturaleza las ha dotado de unos buenos genes o un metabolismo ideal, sino en que han entrenado su mente para pensar en la comida de un modo que las mantiene a salvo del sobrepeso. Consciente o inconscientemente han desarrollado estrategias mentales para alimentarse, que funcionan y que pueden aplicar quienes quieran seguir su ejemplo. Son personas que piensan «delgado». Todas la personas, tanto las delgadas como las gordas, se exceden con la comida alguna vez, pero quienes piensan «delgado» tienen algunos trucos para vencer los aguijonazos del deseo de comer. Estos son algunos de ellos:

– Distraer la mente. Cuando sienten ansias de comer indebidas adoptan alguna actividad que disfrutan, pero que no puede practicarse mientras se come, como tocar el piano, tejer o pintar; al cabo de diez minutos de distracción, las ansias de comer suelen disiparse.

– Prestar atención a la alimentación: Si toma la comida mientras ve la televisión o completa un crucigrama, la persona que piensa y actúa «delgado» no comerá hasta que haya acabado el programa televisivo o termine el crucigrama, dice la doctora Nancy Rodríguez, profesora de Nutrición de la Universidad de Connecticut.

– Tomárselo con calma. La gente que devora la comida come más, porque el mensaje de que el estómago está saciado tarda unos veinte minutos en llegar al cerebro, explica la doctora Rodríguez.

– Hacer de la alimentación una ceremonia. Arrojar un montón de pasta sobre el plato y comérselo al instante no sólo es totalmente insatisfactorio, sino que conduce a que uno termine sirviéndose más comida aunque no tenga apetito. En cambio, si se arregla el plato de forma agradable, uno siente que está tomando una excelente comida, no importa lo pequeñas que sean las raciones.

– Ser tolerante consigo mismo. Poner etiquetas a todas las comidas más allá de ciertos límites sólo conduce a una sensación de privación cuando se resiste la tentación de ingerirlas y a un sentimiento de fracaso cuando no se logra. El resultado suele ser el abandono del control del peso.

– Permitirse aventuras. Aunque las personas delgadas por naturaleza tampoco son condescendientes en exceso. Si un placer es tan especial que se lo recuerda con agrado durante días, se vuelve a él con entusiasmo, pero pocas comidas entran en esta categoría.

– Atajar de entrada el exceso de peso. La mayoría de las mujeres delgadas no calculan estrictamente la cantidad de calorías que ingieren, pero tienen un sentido de la cuestión calórica. Por el contrario, según una investigación reciente, las personas obesas tienden a subestimar las calorías en la mitad de los casos. La mayoría de las mujeres delgadas llevan dos cifras grabadas en su mente: el peso que consideran ideal y la cantidad de kilos que nunca se permiten exceder; y entre uno y otro número no suele haber más de 2 o 3 kilos de diferencia. Cuanto más tarde, peor. «Las personas delgadas notan enseguida cuando ganan un poco de peso e inmediatamente pisan el freno; así siempre les lleva poco tiempo perder el exceso de kilos, porque nunca llegan al punto en que necesiten bajar demasiado», señala la especialista. Mientras más tiempo tarda una persona en adelgazar, más se adapta fisiológicamente a estar gorda, y más difícil le resultará bajar de peso, agrega la doctora Nancy Rodríguez.

– ¡Cuidado al hacer la compra! Si sólo puedes pensar «delgado» una vez a la semana, que sea en el momento en que efectúas la compra. No compres a lo grande. Nunca adquieras comidas que engorden en grandes cantidades: «una vez que se abre un paquete de mantequilla es muy probable que no se pare hasta terminarlo, así que conviene comprar los envases pequeños».

– Pero la delgadez no es sólo un estado de la mente. Para conseguirla, el cuerpo debe mantenerse en movimiento. Muchas personas con exceso de peso consumen la misma cantidad de calorías que la gente delgada, aunque su organismo no las quema porque son sedentarias. Pero tampoco hace falta matarse en el gimnasio ni agotarse como si fuera uno a participar en las olimpiadas. Un buen paseo diario suele ser suficiente. Camina. Además el problema empeora con el tiempo, porque a medida que envejecemos el ritmo metabólico cae y nuestros músculos (que consumen calorías) se encogen, con lo cual, sin comer más, acumulamos kilos. El ejercicio mantiene tanto el metabolismo como la masa muscular.

Perros

Para quienes no realizan absolutamente ningún ejercicio físico y les cuesta un trabajo terrible salir a caminar, adoptar un perro suele ser una solución muy buena. Quizás te levantes con el mismo estado de ánimo de siempre y tal vez sin ganas de hacer nada, pero en cuanto lo veas a él esperándote, moviendo la cola, excitado y ansioso por salir a pasear, te sentirás tú también motivado a hacerlo. Los perros están tan llenos de energía y de entusiasmo por la vida que sin querer, nos contagian. Sacarlo a pasear dos veces al día será un placer que hará por tu salud más de lo que te imaginas. Numerosos estudios relacionan a los animales y, especialmente a los perros, con un menor índice de depresión. Igualmente se ha demostrado que en los enfermos de cáncer que tienen perro, la evolución de la enfermedad es mucho más benigna de lo que suele serlo en quienes no los tienen.

El pescado

Puedes ahorrarte algunas calorías si lo preparas a la parrilla y, en lugar de salsas, lo sirves con aros de cebolla y limón.

La dieta «Peso Ideal»

Sus fans llaman a esta dieta «Reeducación alimentaria» porque propicia la disminución de grasas e hidratos de carbono y el consumo variado y equilibrado de nutrientes naturales. Sobre esta base, impone límites a la ingestión de ciertas verduras –berenjena, cebolla, calabaza, guisantes, judías verdes, nabo, remolacha, tomate, zanahoria– y permite el consumo ilimitado de otras –acelga, espinacas, calabacines, setas, rábanos, espárragos, col, pimientos, escarola, lechuga y endibias. Asimismo, excluye ciertas frutas, como la cereza, el melón, el plátano, la sandía y las uvas, pero permite las demás, aunque de forma limitada.

Entre los alimentos absolutamente prohibidos se cuentan todos los dulces, las bebidas alcohólicas y gaseosas, el cerdo y sus productos derivados, los frutos secos, la patata, las pastas –tanto la pasta italiana como las de panadería–, y el pescado azul. No obstante, incluye la ingestión diaria de medio litro de leche desnatada o dos yogures naturales, también desnatados, 20 g de aceites o 10 g de mantequilla o bien tres cucharaditas de mayonesa baja en calorías, y, adicionalmente, tres cucharaditas de miel. Entre los alimentos de ingestión limitada se encuentran el pan –30 g para las mujeres y 60 g para los hombres– y sus sustitutos, limitados a dos veces por semana; 90 gramos de patatas, al horno o hervidas, o de arroz o de habas hervidas para las mujeres y 120 gramos de uno de estos productos, para los hombres.

El picante

Quienes gusten de los sabores muy picantes, que se aprovechen. Se ha demostrado que el consumo de guindillas, chile, jengibre, pimienta de Cayena y otros condimentos muy picantes puede elevar la termogénesis hasta en un 40%, además de tener otros efectos benéficos. Pero cuidado, su abuso puede irritar las mucosas del tubo digestivo.

La pilosella

Esta planta es muy aconsejable en regímenes de control de peso que provoquen retención de líquidos y también para tratar los edemas, siendo un buen complemento a la hora de reducir la hipertensión arterial, pues elimina la sal sobrante. Es muy útil cuando se sigue cualquier dieta de adelgazamiento ya que ayuda a la depuración del organismo. Pero no deben abusar de ella quienes suelan tener la tensión baja.

El piruvato

El producto adelgazante «natural» más reciente se llama piruvato. Es una de las sustancias que intervienen en el metabolismo de la glucosa. Tomado mientras se sigue una dieta de calorías reducidas, el piruvato estimula la respiración celular e inhibe la acumulación de grasa. Un estudio clínico de 21 días realizado por la Universidad de Pittsburgh con un grupo de mujeres obesas sometidas a una dieta líquida de 1.000 calorías diarias mostró que la pérdida de grasa en las pacientes que tomaron piruvato fue un 48% mayor que la experimentada por las que estuvieron tomando un placebo. Beneficios adicionales: regulación del metabolismo, aumento de la energía y de la resistencia física y un mejor funcionamiento de la insulina. Las verduras y las frutas son buenas fuentes de piruvato. Una manzana grande puede contener hasta 450 mg. Tomado como complemento alimenticio para estimular la pérdida de grasa, su dosis diaria recomendada oscila entre los 3 y los 5 gramos. No se le conocen contraindicaciones ni efectos secundarios

El plantago

Sus mucílagos se hinchan en contacto con el agua por lo que tiene un efecto saciante y ayuda a reducir las calorías ingeridas. Disminuye la absorción de azúcares y grasas y rompe el círculo vicioso producido por los laxantes clásicos. Te ayuda a adelgazar sin pasar hambre ya que te llena y al mismo tiempo disminuye la absorción de los alimentos, además absorbe diferentes toxinas, evitando que sean asimiladas por el organismo. Ejerce una acción relajante sobre las membranas intestinales irritadas. Pero es conveniente evitarlo en caso de obstrucción intestinal.

Los platos

Utiliza platos un poco más pequeños. Inconscientemente sentirás que has comido más, pues la cantidad de alimento servido parecerá un poco mayor.

Quitar la piel al pollo

Quítale siempre la piel al pollo y a todas las aves. En ella no solamente se concentra la grasa, sino también las toxinas.

Evitar los refrescos

Recuerda que las bebidas refrescantes contienen una enorme cantidad de calorías. Si por algún motivo tienes que tomar alguna, hazlo muy despacio y en pequeños sorbos. Este tipo de bebidas suelen consumirse muy frías, por lo que en general sólo la primera mitad se disfruta realmente, siendo además la que calma la sed. Desecha la segunda mitad. No la bebas mecánicamente.

El regaliz

El regaliz (palo dulce) puede ser una buena solución para esos momentos en los que, sin tener realmente apetito, se necesita mordisquear algo. Además de sus notables cualidades medicinales, su peculiar sabor hará que al menos durante un par de horas no te apetezca comer nada.

La reina de los prados

A demás de su efecto diurético, esta planta es utilizada para tratar la celulitis. Reduce los edemas y es antiinflamatoria. Se recomienda también en estados gripales fuertes, por tener el efecto de bajar la fiebre. Puedes tomarla si quieres depurar tu organismo y mejorar el aspecto de la celulitis. No se le conocen contraindicaciones.

La relajación

E l estrés incrementa los niveles de cortisol, hormona que parece contribuir a que la grasa se acumule en la parte media del cuerpo. Es conveniente adoptar alguna de las numerosas técnicas de relajación existentes. Lo más sencillo es sentarse un lugar tranquilo y cómodo, y tratar de mantener durante unos minutos la mente vacía, simplemente observando nuestra respiración sin tratar de forzarla ni de controlarla. Observar cómo el aire entra en nuestros pulmones y cómo sale. Sin pensar en nada. Si vienen pensamientos, simplemente observémoslos también, pero sin dejarnos arrastrar por ellos, volviendo a observar la respiración. Eso es todo.

Los restaurantes

Algunas personas cometen la mayoría de los excesos fuera de casa. En estos casos, antes de ir a un restaurante o a una fiesta en la que se va a comer es bueno tomarse un vaso grande de leche descremada o alguna fruta, aunque mucho más drástico es el efecto del salvado.

La risa

Según David S. Sobel, autor del libro *The Healthy Mind, Healthy Body Handbook* (Manual del cuerpo y la mente sanos), la risa quema más calorías que el correr. ¿Será por eso que los gordos se ríen más? ¿Para quemar las calorías que les sobran?

La sal

La mayoría de las personas adelgazan drásticamente tan sólo olvidándose del salero. Quien logra acostumbrarse a no añadir sal a sus alimentos descubre todo un mundo de sabores que antes, estaban en gran medida ocultos por la sal. Elimina de tu dieta los alimentos salados «por naturaleza». Evita los quesos, las carnes y los pescados ahumados o conservados en lata. Olvídate de las verduras en conserva, el chucrú, la mantequilla salada, las anchoas y la pasta de anchoas, las alcaparras en salmuera y la sal de apio.

Salsas bajas en calorías

Una salsa muy agradable, sana y baja en calorías, para acompañar a las carnes y los pescados se hace reduciendo a puré algunos vegetales y sazonándolos luego con tomillo, albahaca y orégano.

El salvado

Las personas acostumbradas a comer en exceso pueden tomarse dos cucharadas de salvado 30 minutos antes de las comidas y luego ingerir dos vasos de agua fría. Al hidratarse el salvado, hará que la sensación de tener el estómago lleno se presente habiendo ingerido mucha menos comida de lo que era habitual.

La dieta Scarsdale

Puesta a punto por el Dr. Tarnover, cardiólogo norteamericano, esta popular dieta permite bajar hasta siete kilos en dos semanas, pero no debe seguirse más de ese tiempo. Hay en ella un fuerte predominio de proteína animal, aunque ciertamente no es tan estricta ni desequilibrada como otras. Hay que decir en su favor que con ella no se pasa hambre. Este es el menú semanal:

Desayuno diario: Medio pomelo, una rebanada de pan integral y café o té sin azúcar. Cuatro días por semana se puede tomar también una fruta de la temporada, (manzana, pera, etc.).

Día uno

Almuerzo: Surtido de fiambres, de cualquier tipo de carnes sin grasa. Ensalada de tomates en rebanadas, o bien, tomates a la parrilla o cocinados al vapor.

Cena: Pescados o mariscos preparados sin grasa. Una fruta.

Día dos

Almuerzo: Ensalada mixta de frutas.

Cena: Hamburguesas sin grasa. Ensalada de tomates, lechuga, apio, coles de Bruselas o pepinos y aceitunas.

Día tres

Almuerzo: Atún o salmón en agua o aceite, pero bien escurrido, aliñado con limón o vinagre. Una fruta de la temporada.

Cena: Varias chuletas de cordero y ensalada de tomates, lechuga, pepinos y apio.

Día cuatro

Almuerzo: Dos huevos crudos o cocinados de cualquier forma y queso dietético.

Cena: Calabacines, judías verdes o tomates. Una rebanada de pan integral.

Día cinco

Almuerzo: Quesos surtidos, espinacas al vapor o crudas y una rebanada de pan integral.

Cena: Pescados o mariscos y una ensalada compuesta por todos los vegetales que desee. Una rebanada de pan integral.

Día seis

Almuerzo: Ensalada mixta de frutas.

Cena: Pavo o pollo asado, y ensalada de tomate y lechuga. Fruta de temporada.

Día siete

Almuerzo: Pollo o pavo y ensalada de tomate, zanahorias, repollo cocido, brócoli o coliflor. Fruta de la temporada.

Cena: Carne a la parrilla y ensalada de lechuga, pepino, apio, tomate y coles de Bruselas.

Recomendaciones

Si ataca el hambre, se pueden comer bastoncitos de apio y de zanahoria.

Se puede beber sólo agua, café o té sin azúcar, tanto en las comidas como entre ellas. El alcohol, las bebidas carbónicas, la leche y los zumos de fruta están rigurosamente prohibidos.

Las verduras y el pescado y la carne deberán cocinarse sin grasa ni aceite. En las ensaladas podrá usarse aceite de oliva.

Dieta Scarsdale vegetariana

Debido al gran éxito que tuvo su dieta, el Dr. Tarnover creó luego algunas variantes de la misma, destacando entre ellas la vegetariana que presentamos seguidamente. Al final se incluyen las recetas de algunos platos.

Desayuno diario: Pomelo o fruta de la temporada. Una rebanada de pan tostado, con mermelada de régimen. Té o café.

Lunes

Almuerzo: Sopa de berros o de brócoli (ver receta). Patata asada con queso blanco sin grasa y cebollinos, 30 gramos de soja, tres nueces y una manzana asada.

Cena: Dos lonchas de queso con lechuga. Pisto (ver receta). Corazones de alcachofa, pepinos, rabanitos, una rebanada de pan, melón, sandía o naranja.

Martes

Almuerzo: Ensalada de frutas, lechuga y apio. Una rebanada de pan con dulce de régimen.

Cena: Calabaza con nuez y manzana (ver receta). Hortalizas calientes o frías, coliflor, zanahorias, tomates y cuatro aceitunas.

Miércoles

Almuerzo: Tomate relleno (ver receta). Hongos, calabacines y zanahorias. Una rebanada de pan

Cena: Espárragos (puede ser también coliflor o brócoli) gratinados (ver receta). Calabaza con frutas y nueces al estilo hawaiano (ver receta). Ensalada verde con tomate. Una rebanada de pan.

Jueves

Almuerzo: Queso blanco bajo en grasa con rabanitos y pepinos. Aceitunas. Una rebanada de pan.

Cena: Berenjenas Scarsdale a la parmesana (ver receta). Ensalada verde. Una fruta.

Viernes

Almuerzo: Lonchas de queso surtidas. Espinacas. Una rebanada de pan. Un melocotón o una pera.

Cena: Consomé de cebolla con crutones. Hortalizas guisadas (ver receta). Compota de manzanas sin azúcar y 3 nueces.

Sábado

Almuerzo: Ensalada de frutas, con queso blanco bajo en grasa, lechuga u otras verduras de hoja verde. Una rebanada de pan.

Cena: Hortalizas con queso a la cacerola (ver receta), servidas con ½ taza de compota o puré de manzana sin azúcar y una cucharada de pasas de uva. Tomates en rodajas con lechuga.

Domingo

Almuerzo: Tomate relleno, sin arroz ni patata. Patata hervida o en puré con una cucharada de nata ácida y cebollinos.

Cena: Chow Mein con arroz (ver receta). Ensalada de lechuga y tomate. Piña en rodajas, en su propio jugo o en agua.

Sustitutos

Para el almuerzo o la cena: Plato de hortalizas frías o calientes, con una patata asada con sal y cebollinos (o con una rebanada de pan tostado con dulce de régimen o con 30 gramos de soja).

Sólo para el almuerzo: Media taza de queso blanco bajo en grasa, toda la fruta cortada que desee, una cucharada de nata ácida y tres nueces.

Recetas

Sopa de berros

- Un manojo de berros lavados (puede ser también brócoli, repollo, escarola, espinacas, etc.).
- Una taza de yogur descremado.
- Un sobre de sopa de cebolla.
- Sal, pimienta.
- Una taza de agua.
- Dos rodajas finas de limón.

Mezclar todos los ingredientes, excepto el agua y el limón. Verter la mezcla en una cacerola, agregar el agua y los condimentos al gusto y llevarlos revolviendo al punto de ebullición. Servir bien caliente, con rodajas de limón. (Para 2 personas).

Pisto

- Dos cebollas medianas, cortadas en rodajas finas.
- Dos pimientos verdes, en rodajas finas.
- Un diente de ajo grande triturado.

- Una berenjena mediana, pelada y cortada en cubos de 2 cm.
- Dos calabacines medianos, cortados en rodajas de ½ cm.
- Cinco tomates medianos, pelados y picados.
- Un cuarto de taza de perejil, picado.
- Dos cucharaditas de sal.
- Pimienta al gusto.
- Media taza de aceitunas en rodajas.

Recubrir la superficie de la cacerola con spray vegetal. Saltear las cebollas, los pimientos y el ajo, hasta que las cebollas estén ligeramente doradas. Agregar los demás ingredientes, excepto el perejil; cubrir y cocer a fuego lento entre 25 y 30 minutos, hasta que los vegetales estén dorados pero tiernos. Mezclar el perejil y cocinar entre 5 y 10 minutos más, hasta que la mezcla alcance el espesor deseado, revolviendo ocasionalmente. Agregar las aceitunas, y servir caliente o frío. (Para cuatro o cinco personas).

Calabaza con nuez y manzana

- Una calabacita.
- Media cucharadita de sal.
- Una manzana mediana picada.
- Media cucharadita de zumo de limón.
- Cinco nueces picadas.
- Una cucharadita de endulzante artificial.

Calentar el horno a 200º, cortar la calabaza por la mitad y quitar las semillas, colocarla en una asadera, con la parte cortada hacia abajo, verter ½ cm de agua a su alrededor. Hornear durante 20 minutos, sacar el agua, echar sal y rellenar la calabaza con la mezcla de manzana, nueces y zumo de limón. Verter el endulzante y dejar en el horno 10 minutos más (Para una o dos personas).

Tomates rellenos

– Dos tomates grandes.
– Media taza de arroz hervido.
– Media taza de queso americano, picado y rallado.
– Sal y pimienta a gusto.

Cortar las tapas de los tomates, quitarles la pulpa. Mezclar los ingredientes y rellenar los tomates dejando un poco de queso para decorar. Colocarlos en un molde pequeño y hornearlos entre 15 y 20 minutos en el horno precalentado. (Para 2 personas).

Otros rellenos:

1.- Un cuarto de taza de arroz hervido, medio pimiento picado, dos setas en rodajas y salteadas, un cuarto de taza de queso cheddar picado (u otro).
2.- Media taza de maíz cocido, pulpa de tomate picada, medio pimiento picado.

3.- Queso blanco desgrasado y nueces picadas, con perejil picado.

Espárragos gratinados

– Entre 6 y 8 puntas de espárragos (puede ser también una o dos tazas de coliflor o brócoli).
– Un cuarto de taza de queso rallado o picado, mejor si es descremado.

Crutones. Preparar las hortalizas como de costumbre, derretir el queso y verterlo sobre ellas colocando los crutones. (Para 1 persona).

Calabaza con frutas y nueces al estilo hawaiano

– 250 gramos de puré de calabaza.
– Media cucharadita de sal.
– Dos cucharadas de nata ácida.
– Media taza de piña en trozos.
– Media taza de gajos de naranja o mandarina.
– Seis nueces picadas o enteras.
– Menta picada.

Calentar el horno. Batir el puré de calabaza con la nata y la sal, agregar los trozos de piña y los gajos de naranja. Colocar la mezcla en una cacerola y calentar en el horno durante 15 minutos. Poner las nueces picadas o en mitades y espolvorear las hojas de menta. (Para una o dos personas).

Berenjenas Scarsdale a la parmesana

- Una berenjena cortada en rodajas de ½ cm.
- 350 gramos de salsa de tomate.
- Dos cucharadas de perejil picado.
- Dos cucharaditas de cebollinos picados (o una de cebolla rallada).
- Cuatro cucharadas de queso parmesano rallado.
- Una cucharadita de sal de ajo.
- Una pizca de pimienta.
- Una cucharadita de orégano.
- 100 gramos de queso mozzarella, cortado en 8 o 10 rodajas finas.

Poner las rodajas de berenjena en agua hirviendo, ligeramente salada, bajar el fuego y dejarlo en el mínimo durante 3 minutos. Escurrir el agua y absorber el agua de las rodajas con un paño de cocina. Dorarlas por ambos lados en una cacerola con spray vegetal. Mezclar la salsa de tomate, el perejil, los cebollinos, el queso parmesano, la sal de ajo, la pimienta y el orégano. Cubrir la base de un molde mediano con un poco de salsa, colocar las rodajas de berenjena, agregar un tercio de la mozzarella, cubrir nuevamente con salsa, berenjena y queso, en sucesivas capas. Cubrir por último con una capa de salsa y espolvorear el queso parmesano;

cocinarlo durante 35 minutos en el horno previamente calentado. (De dos a cuatro personas).

Hortalizas guisadas

– Una taza de cebolla picada.
– Medio kilo de tomates.
– Una cucharadita de sal.
– Una pizca de endulzante.
– Una pizca de pimienta.
– Media taza de patata cruda en cubos, o medio kilo de soja, a medio cocer.
– Media taza de guisantes frescos.
– Media taza de zanahorias en rodajas.
– Queso parmesano rallado (opcional).

Recubrir la superficie de una cacerola con spray vegetal y saltear las cebollas hasta que estén transparentes, removiendo para que no se peguen. Pelar los tomates, introduciéndolos con un tenedor en agua hirviendo; luego dejar enfriar un poco y quitarles la piel. Cortar los tomates en octavos y agregarlos con la sal, el endulzante y la pimienta, a las cebollas. Cocinar a fuego lento durante 20 minutos. Agregar las patatas (o la soja a medio cocer), los guisantes y las zanahorias, cubrir y cocinar 20 minutos más hasta que estén tiernos. Servir espolvoreado con queso parmesano, si se desea. (Para dos o tres personas).

Hortalizas con queso a la cacerola

- Dos tazas de vegetales cocidos, cortados, mixtos, a su elección entre habas, maíz, zanahorias, guisantes, coliflor, coles de Bruselas, brócoli, apio, puerros, calabaza, etc. (Pueden usarse hortalizas variadas en lata, escurridas).
- Cuatro castañas cortadas.
- Media taza de queso blanco descremado.
- Treinta gramos de queso descremado, rallado.
- Crutones desmenuzados.
- Perejil picado.

Colocar las hortalizas cocidas y escurridas en una pequeña cacerola con spray vegetal. Verter el queso blanco sobre las hortalizas, luego esparcir el queso rallado mezclado con los crutones desmenuzados. Calentar en el horno entre 20 y 25 minutos o hasta que esté dorado y burbujeante. Agregar el perejil y servir con media taza de puré de manzana sin azúcar, mezclado con una cucharada de pasas de uva. (Para una persona).

Chow Mein

Pueden usarse algunas o todas las hortalizas siguientes. Ajustar las cantidades en proporción.

- Un cuarto de taza de almendras cortadas.

– Una cebolla en rodajas finas.

– Una taza de apio, cortado en rodajas diagonalmente.

Elegir entre:

– Media taza de brotes de bambú.

– Un nabo blanco pequeño cortado en tiras finas.

– Medio pimiento verde, cortado en dados.

– Una pizca de jengibre en polvo.

Elegir entre:

– Una taza de guisantes frescos o en lata, escurridos.

– Un cuarto de kilo de setas cortadas.

– Una cucharada de maicena.

– Una taza de agua.

– Dos cucharadas de salsa de soja.

– Tiras de pimiento.

– Una taza arroz hervido.

Recubrir una cacerola con spray vegetal y saltear las almendras con un poco de sal hasta que estén tostadas. Sacar las almendras, agregar la cebolla cortada y cocinar dos minutos a fuego lento. Añadir el apio, los brotes de bambú, el nabo, el pimiento y el jengibre y cocinar dos minutos a fuego lento. Agregar los guisantes y las setas, nuevamente cocinar dos minutos. Disolver la maicena con agua y agregar a las hortalizas con la salsa de soja, cocinar todo junto a fuego lento entre ocho y diez minutos. Agregar las almendras y sazonar a gusto. Servir sobre arroz caliente y decorar con las tiras de pimiento. (Para tres o cuatro personas).

Los crutones

Cortar una rebanada de pan integral en 30 cubos o más, y ponerlos a fuego fuerte en una sartén con spray vegetal, hasta que estén dorados o tostados. Agregarles sal.

Nada después de las seis

En algunos países asiáticos es muy popular la dieta de «nada después de las seis». Es decir, durante el día uno puede comer lo que quiera, pero está totalmente prohibido comer cualquier cosa después de las seis de la tarde. Simplemente se trata de adelantar un poco la cena. Va a ser difícil hallar un truco tan sencillo, tan sano y tan extraordinariamente efectivo.

Comer sentado

Come siempre sentado o sentada y en el mismo lugar de la mesa. Si no puedes resistir la tentación de comer algo entre comidas, siéntate en dicho lugar y cómelo despacio, masticando bien y consciente de cada bocado. No mantengas a la vista comida para picar. Cuando sientas apetito, oblígate a sentarte y a utilizar cuchara o tenedor.

El truco del séptimo día

Hay quien aconseja elegir cuidadosamente el régimen alimenticio de larga duración que mejor se acople a nuestros gustos y posibilidades. Luego seguirlo durante seis días a la semana y dejar el séptimo para comer exactamente lo que uno quiera. Ese día están permitidas las patatas fritas, los pasteles, la pizza, las hamburguesas con tocino, en fin, todo. Ello hace la dieta mucho más soportable pues elimina gran parte de la tensión y del estrés que toda dieta genera.

El sirope de savia de arce

Esta dieta se basa en un concentrado de proteínas, hidratos de carbono y minerales que propicia la eliminación de toxinas y ayuda al organismo a regenerarse. Es una especie de semiayuno o cura de efecto depurativo que ataca directamente a los depósitos grasos. Conlleva una predieta y una posdieta de tres días de duración donde se compagina el sirope de savia con naranja, pan y arroz integral, fruta y caldo de verduras. La dieta se sigue entre siete y diez días durante los que se pierden entre 5 y 7 kilos de peso. No es aconsejable para niños, embarazadas, diabéticos ni hipotensos.

Hay que tomar el preparado de sirope de savia (2 litros de agua mineral, 14-16 cucharadas de sirope de savia de arce y palma, el zumo de 4-5 limones, una cucharadita de canela y una pizca de cayena picante), agua y todo tipo de tisanas, excepto de té y café.

Durante los 7-10 días que dura esta dieta hay que ingerir a diario y en exclusiva de 8 a 10 vasos del preparado especial de sirope de savia. Su dosis también está regulada tanto en la predieta como en la posdieta. En el caso de la predieta hay que tomar medio litro el primer día, tres cuartos el segundo y un litro el tercero, mientras que la posdieta requiere un litro el primer día, tres cuartos el segundo y medio el tercero. La primavera y el otoño son las mejores estaciones para prestarse a sus saludables efectos. Conviene acompañarla a diario con una caminata de media hora. Durante la dieta está prohibido ingerir café, té, medicamentos o suplementos vitamínicos. De hecho, los consumidores habituales de alcohol, tabaco y fármacos suelen reaccionar negativamente a la cura. Los kilos perdidos no se recuperan si tras la cura se mantiene una alimentación natural y equilibrada. Además, esta dieta depurativa reduce el colesterol y su aporte energético provoca vigor y euforia. Entre sus inconvenientes están el que resulta un poco cara y el limón puede afectar a quienes tengan déficit de glóbulos blancos, en cuyo caso se aconseja sustituirlo por zumo de naranja.

Evitar la soledad y el aburrimiento

Una encuesta realizada en Estados Unidos mostró que un buen porcentaje de mujeres con exceso de peso no comían por tener hambre, sino por aburrimiento o porque se sentían solas. El vacío que la soledad y el aburrimiento traen a su vida ¡lo llenan con comida! Es muy importante salir de esa rutina que además termina siempre en depresión, lo cual de nuevo, estimula a comer en exceso. Entre la lista de actividades propuestas para salir de dicha rutina macabra estaban apuntarse a algún club, buscarse un hobby, dar un paseo, apuntarse a un gimnasio, llamar a una amiga, limpiar los armarios, lavar al perro, mandar correos electrónicos, leer un buen libro, hacer una lista de las cosas pendientes de hacer y rezar. Si ves que te vence el aburrimiento no abras la puerta del frigorífico sino la de la calle. Y en este caso no te preocupes por hacer ejercicio o por realizar alguna actividad «práctica», simplemente haz algo que te guste, aunque sólo sea mirar escaparates o ir al cine.

Dieta de la sopa

Esta dieta se diseñó en un hospital americano para las personas con enfermedades cardíacas y con exceso de peso, que necesitaban perder kilos antes de someterse a una operación. Hay que comer durante 7 días únicamente lo que marca la dieta, para perder entre 4 kilos y medio y 7 kilos, suprimiendo el alcohol, la harina y sus derivados, los dulces y las bebidas con gas. La sopa servirá para tomarla cuando sintamos hambre, ya que calma la ansiedad. Esta dieta no pueden hacerla las personas con diabetes, ni quienes sufran de insuficiencia renal crónica, por tanto, es importante consultar a un médico, antes de someterse a ella.

Hay que cocer en 10 litros de agua: 6 cebollas grandes, 2 pimientos verdes, 2 latas grandes de tomate natural o 6 tomates pelados, 1 rama de apio, 1 repollo o col y sal y pimienta. Se trocea todo y se pone a hervir a fuego lento, cuando ya estén las verduras cocidas, se pasa por la batidora y se guarda para tomar fría o caliente, como se prefiera.

Primer día. Comer sólo sopa y fruta fresca, excepto plátanos. Las bebidas deben ser zumos naturales, café o agua.

Segundo día. Verduras frescas al vapor durante el día, junto con la sopa. Por la noche se puede tomar una patata al horno.

Tercer día. Se pueden tomar frutas, verduras y la sopa. No tomar plátanos ni patatas. Al final del tercer día se deben haber perdido entre 1,5 kg y 3 kilos, dependiendo de la constitución.

Cuarto día. Tomar sólo sopa y leche desnatada, de ésta última tanta como se apetezca, y como mínimo 3 plátanos.

Quinto día. Aquí ya se puede tomar carne de vacuno o bien pescado, entre 125 y 250 gramos, y 6 tomates frescos pelados. Hay que beber mucha agua y tomar la sopa al menos una vez.

Sexto día. Sopa al menos una vez. Dos o tres filetes de carne y toda la verdura que se desee.

Séptimo día. Sopa al menos una vez. Arroz integral, verduras y zumos de fruta.

Sudar

Procura sudar cada día al menos durante diez minutos. Si puedes tomar una sauna o baño de vapor, excelente. En caso contrario toma un baño en el que la temperatura del agua sea un poco más elevada que la del cuerpo humano. Mientras permaneces inmerso (o inmersa) en el agua, masajéate el cuerpo apretando fuertemente la piel con los dedos. Ello ayuda a fragmentar y a disolver la celulitis de los tejidos. El masaje es totalmente necesario ya que el vapor y el calor por sí solos no eliminan nada. Si realizas esto cada día, pronto comenzarás a notar los resultados.

No es conveniente permanecer sudando mucho más de 10 minutos para evitar la pérdida de elementos nutritivos a través de la piel y también la posterior sed excesiva. Si en ese momento tienes necesidad de tomar agua, hazlo a pequeños sorbos y sólo hasta calmar la sed.

La superdieta

Es una dieta rápida hipocalórica, basada también en la interacción química de los distintos alimentos. Se debe comer la cantidad de comida indicada y no incluir ningún alimento más. Se recomienda seguirla sólo durante cuatro días.

Primer día
Desayuno: Media naranja y una taza de café negro o té.
Almuerzo: Dos huevos duros y media taza de habichuelas.
Cena: Carne a la parrilla, lechuga, un tomate y una manzana pequeña.

Segundo día
Desayuno: Media naranja y una taza de café negro o té.
Almuerzo: Media taza de calabaza, media taza de habichuelas, media taza de coliflor y media taza de compota de manzana.
Cena: Una pechuga de pollo asada, lechuga y 200 gramos de zumo de tomate.

Tercer día
Desayuno: Media naranja y una taza de café negro o té.
Almuerzo: Una hamburguesa asada, ensalada de lechuga y apio y una manzana pequeña.
Cena: Una pechuga de pollo asada, media taza de habichuelas y 200 gramos de zumo de ciruelas.

Cuarto día

Desayuno: Media naranja y una taza de café negro o té.

Almuerzo: Dos huevos duros, media taza de habichuelas y 200 gramos de zumo de tomate.

Cena: Carne a la parrilla, lechuga, 2 tomates, 200 gramos de zumo de tomate y una tajada de melón.

Recomendaciones

– Los alimentos en los que no se indica cantidad deberán tomarse en porciones normales.

– La carne y los vegetales deben sazonarse sólo con limón y sal.

– Al pollo se le debe quitar la piel.

– Beba por lo menos cinco vasos de agua al día: uno antes de cada comida, uno por la tarde y uno antes de acostarse.

El té rojo – La dieta del té rojo

El té rojo, que durante siglos fue patrimonio exclusivo de los emperadores chinos, se utiliza en este caso como complemento de una dieta variada, fácil de llevar y baja en calorías, que en cinco días permite perder hasta tres kilos.

Hay que beber 4 tazas de té rojo al día (desayuno, comida, merienda y cena), es el ingrediente estrella de una dieta rica en hidratos de carbono (arroz, pasta, legumbres y pan integral) y vegetales, junto con un consumo restringido de proteínas, a base de pescado y huevos. Los alimentos permitidos son: fruta, verdura, pasta, arroz, legumbres. Pescado, huevos y pan integral. Y los prohibidos: azúcar, carne, dulces, grasas, lácteos, plátanos, higos y uvas.

Desayuno: Una taza de té rojo con zumo de naranja o una pieza de fruta; una tostada de pan integral o dos barritas de muesli.

Comida: Ensalada de pasta fría, ensalada de arroz, arroz con verduras o arroz a la cubana y tortilla francesa. Se complementa con una pieza de fruta y una taza de té rojo.

Merienda: Una taza de té rojo.

Cena: Ensalada, sopa de arroz con pescado a la plancha y lechuga, ensalada de lentejas con verdura o ensalada de pasta fría con hortalizas. Se complementa con una pieza de fruta y una taza de té rojo.

Recomendaciones

Las verduras han de comerse crudas o a lo sumo hervidas.

Junto a su poder adelgazante, el té rojo acelera el metabolismo del hígado, favoreciendo la reducción de la grasa corporal y el colesterol. Es depurador, desintoxicante y antidepresivo, estimula también las secreciones digestivas, facilitando la digestión de los alimentos grasos. El menú de esta dieta es escaso en proteínas, por lo que prolongarla más allá de cinco días puede generar carencias. Además, el té interfiere en la absorción de hierro, limitando la asimilación de este mineral. No deben seguir esta dieta los niños, las mujeres embarazadas ni las personas sometidas a un tratamiento médico continuado. Tampoco quienes tengan alteraciones del ritmo cardiaco. Igualmente, no es recomendable en situaciones de úlcera, anemia, insomnio o nerviosismo.

Ver menos televisión

En el mundo occidental la mayoría de las personas pasan un 40% de su tiempo libre sentados frente al televisor, es decir, entre 15 y 18 horas a la semana. Es un hábito comprensible, ya que ver la televisión es muy fácil y aparentemente relaja. Sin embargo el hecho real es que todas las investigaciones realizadas demuestran que después de ver la tele estamos menos relajados y bastante más cansados que antes. Las razones son muchas y van desde la mala calidad de los programas hasta un ligero sentimiento de culpabilidad por haber estado perdiendo el tiempo en lugar de hablar con algún amigo, practicar la guitarra, hacer ejercicio, leer o simplemente dormir. También está demostrado que existe una relación directa entre horas de televisión y obesidad. Una investigación efectuada recientemente en la universidad de Minnesota en Minneapolis mostró una relación directísima entre la obesidad de la persona y dos factores muy distintos: la frecuencia en visitar los restaurantes de comida rápida (léase comida basura) y las horas pasadas frente al televisor. Las galletas, las patatas fritas y las cervezas que tomamos viendo la tele, parece que van a almacenarse directamente en esos lugares que sabemos y lo peor es que las consumimos sin apenar darnos cuenta, es decir, sin disfrutarlas. Una buena solución es ver programas, no ver la televisión. Es decir, seleccionar previamente aquellos programas que deseamos ver y limitarnos a ellos. En Estados Unidos están a la venta varios dispositivos para «racionar» las horas de tele. Una vez agotadas las horas semanales que se programaron, el aparato se apaga y ya no hay manera de volverlo a conectar hasta la siguiente semana.

No ver la televisión durante las comidas

Uno de los hábitos más nefastos y más extendidos es comer viendo la televisión. No sólo impide la comunicación y deteriora la convivencia familiar arruinando el único momento en que la familia está reunida, sino que además nos hace menos conscientes de lo que estamos realizando, nos impide disfrutar plenamente de los sabores y de las sensaciones de los alimentos, nos hace comer más deprisa y más cantidad de lo necesario y por si todo eso fuera poco, degrada lastimosamente un instante que debía ser mágico.

Usar recipientes de teflón

Vale la pena cocinar en recipientes de teflón, así los alimentos no se pegarán y necesitarán menos grasa.

Aprovecharse de la termogénesis

El proceso por el cual el organismo consume energía para mantener la temperatura adecuada se conoce como termogénesis. Es una de las principales formas en las que nuestro organismo quema la grasa. La termogénesis es una función natural del metabolismo, que se puede estimular con ciertos alimentos, exponiéndonos a bajas temperaturas o mediante el ejercicio físico. Nuestro cuerpo contiene dos tipos de células grasas: la grasa oscura, metabólicamente activa, la cual representa alrededor de un 1% del total de la masa corporal, y la grasa blanca, metabólicamente inactiva, la cual, básicamente cumple funciones de almacenamiento de energía. La termogénesis afecta a las células grasas oscuras, que contienen una gran cantidad de fibras nerviosas simpáticas, capaces de liberar el neurotransmisor norepinefrina. Precisamente esta sustancia es la que desencadena la termogénesis activando el triglicérido lipasa, que descompone la grasa blanca almacenada, permitiendo su combustión a fin de producir energía.

El efecto yoyó de las dietas intermitentes puede limitar permanentemente la capacidad de la grasa oscura para reaccionar ante la norepinefrina, reduciéndose así el nivel de la termogénesis y haciendo que la pérdida de peso se convierta en una empresa difícil, si no imposible. La reducción en la termogénesis no sólo disminuye la combustión de grasa, sino que al mismo tiempo genera apetito, lo cual a su vez puede llevar a un nuevo aumento de grasa corporal. Una de las hierbas que más estimulan la termogénesis es la efedra, ya mencionada, pues su ingrediente activo, la efedrina, activa los betarreceptores situados en las células de grasa.

Uvas – Dieta o cura de las uvas

Esta dieta está programada para seguirse durante un máximo de 5 días y un mínimo de 3, y se estima que la pérdida que produce es de 1 kilo por día. Es recomendable para aquellas personas que no realizan ejercicio físico y consumen excesivas calorías en su alimentación.

Hay que tomar hasta un 1 kilo y medio de uvas al día, repartido en dos o tres veces, y además se debe ir bebiendo zumo durante todo el día, el cual habremos preparado mezclando medio litro de zumo de uva con agua mineral, mejor si no está del todo fría.

Su alto contenido en potasio hace que la uva sea excelente para enfermos cardíacos, personas que toman diuréticos químicos o que toman regularmente laxantes, pues ayuda a la eliminación de líquidos favoreciendo que desaparezca la sensación de pesadez y la hinchazón.

La piel de la uva contiene antioxidantes naturales y sustancias con una acción estimulante de la circulación, que contribuyen a mejorar la oxigenación de todas las células del cuerpo.

La uva contiene también un tipo especial de glucosa que limpia el hígado facilitando su función de drenaje de las toxinas. Y por su efecto depurativo favorece también el buen estado de la piel.

Por su elevado aporte energético esta dieta permite seguir con el trabajo habitual. Su gran efecto mineralizante y antioxidante combate la fatiga, aunque realmente lo ideal sería hacer coincidir la cura con unos días de descanso o con el fin de semana.

Es importante lavar bien las uvas y comerlas con piel. Masticándolas bien nos sentiremos más saciados y aumentaremos su digestibilidad. El hecho de beber abundante zumo de uva ayuda a potenciar el efecto diurético. Es una cura ideal para hacer los primeros días del otoño, ya que así se limpia el organismo y se prepara para afrontar mejor el invierno (muchas personas observan que se resfrían menos). Esta dieta no es recomendada para los diabéticos por su elevado contenido de hidratos de rápida absorción.

Variedad

La variedad es muy importante. Por ejemplo, si debido a tu trabajo debes comer mucho fuera, no pidas siempre ensaladas o platos vegetarianos pues terminarás aborreciéndolos. De vez en cuando selecciona un plato que te guste, come una parte razonable de él y procura luego contrarrestar su efecto durante los días siguientes.

Vinagre de sidra

Tomar antes de cada comida dos cucharadas de vinagre de sidra diluido en agua.

La visualización

Si sabes dibujar o pintar o si conoces a alguien que pueda hacerlo, dale a esa persona una foto tuya y dile que te haga un dibujo de tamaño no mayor al de una tarjeta postal, en el que aparezcas con el aspecto que tendrías una vez alcanzado el peso ideal. Saca fotocopias de dicho dibujo y pon una en tu cartera, otra en el frigorífico, y en distintos lugares de la casa. Míralas con tanta frecuencia como sea posible.

Si no puedes conseguir ese dibujo utiliza la visualización. Construye mentalmente una imagen tuya como deseas ser y mírala con frecuencia, especialmente en el momento de acostarte. Procura evitar todo deseo o emoción en esos instantes. Simplemente, visualiza dicha imagen con todo detalle.

La zona – Dieta para estar en la Zona

La dieta para estar en la Zona fue creada en Estados Unidos por Barry Sears. Estar en la Zona es disfrutar del bienestar, la ausencia de enfermedad y la salud óptima, es decir, es el estado metabólico en el que el cuerpo y la mente funcionan al máximo de su eficiencia. La vía para entrar en la Zona es una dieta equilibrada, en la que los hidratos de carbono, las proteínas y las grasas están rigurosamente controlados dentro de cada comida.

Esta dieta nació como oposición a las dietas ricas en hidratos de carbono, las cuales provocan una superproducción de insulina. El exceso de insulina se traduce en un descenso del nivel de azúcar en la sangre, que es transformada en grasa y al mismo tiempo se bloquea el acceso a las reservas, lo cual, en última instancia conduce a la enfermedad. En la Zona se tiene más fácil acceso a las reservas de grasa acumulada como fuente de energía, lo que genera una mayor concentración mental y un mejor rendimiento físico. En esta dieta se aconseja realizar cinco comidas al día, dos de ellas muy ligeras. Durante el día no se deben dejar pasar más de 4 o 5 horas sin comer, ya que de lo contrario se dispara la tasa de insulina y se alteran los niveles de azúcar en la sangre.

Los alimentos recomendados son los siguientes:

Hidratos de carbono: El beneficio de los hidratos de carbono depende de su velocidad en ingresar en el torrente sanguíneo (su índice glucémico). De la velocidad en que son transformados en glucosa dependerá la mayor o menor secreción de insulina.

Se han de evitar los alimentos con un alto índice glucémico, esto es, que aumentan muy rápido los niveles de insulina, como el azúcar refinado, la miel, la glucosa, el pan blanco, las patatas, todos los cereales, las pastas y los productos hechos con harina blanca (refinada). Por el contrario, deben tomarse los de absorción más lenta y que se hallan en las frutas, verduras, legumbres y cereales integrales, ya que la fibra hace más lenta la absorción de azúcares y grasas.

Proteínas: Dentro de las vegetales tenemos el tofu, el gluten, el alga espirulina, la levadura de cerveza, los germinados de lentejas o de soja y todas las legumbres (soja, lentejas, garbanzos, judías, guisantes, etc.). Entre las proteínas animales recomendadas, están las carnes de pollo, pavo y conejo, así como los pescados azules y el magro del jamón. Se pueden tomar yogures y leches fermentadas pero no el resto de productos lácteos enteros, como los quesos. Se evitarán las carnes rojas. Se puede también utilizar proteína en polvo.

Grasas: Las grasas se obtienen del aceite de oliva, de las aceitunas o de la mayonesa.

Ejemplo de un menú

Desayuno: 1.- Tostadas de pan integral con jamón dulce o serrano (sin grasa) y café solo poco cargado.

2.- Dos yogures desnatados o kéfir, con muesli (no azucarado) y café o té rojo.

A media mañana y media tarde:

1.- Una pieza de fruta (pera, manzana) y cinco almendras o avellanas.

2.- Un postre de soja y frutos secos.

3.- Una barrita de régimen, siempre que su proporción de proteína esté entre el 50% y el 100% de los hidratos de carbono.

Comida/cena: Una proteína (130 gramos de pechuga pollo, 120 gramos de pechuga de pavo, una hamburguesa de pollo o pavo, 140 gramos de atún, 180 gramos de salmón, 180 gramos de merluza, etc.). Más un hidrato de carbono (col, coliflor, brócoli, judías verdes, tomate, lechuga) y cualquier fruta. Y de grasa, 12 aceitunas o 4 cucharadas pequeñas de mayonesa light o una cucharada y media de aceite de oliva.

Observaciones

En esta dieta, lo único necesario es mantener en todas las comidas un equilibrio entre proteínas, hidratos de carbono y grasas.

Conclusión

En los casos más graves será necesario un tratamiento integral que garantice una pérdida de peso a largo plazo y de forma progresiva, teniendo en cuenta todos los factores implicados como el grado de sobrepeso que tiene la persona, su tipo de alimentación, el nivel de actividad física, su motivación para cumplir el tratamiento, etc. Como siempre, lo mejor es atenerse al sentido común. De cualquier forma, cambios sencillos, como muchos de los relacionados en este libro, harán que mejore no sólo tu silueta sino también tu salud. A modo de resumen, podemos aconsejarte:

- Elegir alimentos con poca grasa.
- Limitar el consumo de azúcar.

- Reparte tu alimentación en 5 comidas al día: desayuno, media mañana, comida, merienda y cena.
- No alternes períodos de ayuno con comidas abundantes.
- Come despacio y mastica muy bien los alimentos.
- Disminuye el consumo de carnes rojas y aumenta el de pescados.
- Consume verduras y hortalizas en abundancia.
- Toma varias piezas de fruta al día.
- Bebe entre 1,5 y 2 litros de agua al día.
- Evita o limita el consumo de alimentos fritos o cocinados con excesiva grasa.

Pero recuerda: todo cambio drástico en la alimentación tiene consecuencias negativas sobre el sistema digestivo y muchas veces sobre la salud en general. Es curioso cómo tenemos en cuenta este principio con los niños e incluso con los animales pero no lo aplicamos a nosotros mismos, (los envases de comida para perros y gatos advierten que se comience gradualmente, mezclándola con el alimento anterior). Es muy importante que todo cambio dietético sea paulatino. Por eso, en la mayoría de los casos las dietas drásticas no tienen una efectividad duradera. El único medio efectivo para perder grasa y no volverla a recuperar es seguir una buena nutrición durante toda la vida, evitando los azúcares procesados, los hidratos de carbono refinados, el exceso de grasas y cuando se pueda, procurando comer alimentos integrales. Además, no olvides que siempre es necesario realizar ejercicio físico, aunque sea tan sólo caminar.

Índice por temas

Dietas

Sustancias

Fibras

Plantas

Qué evitar

Trucos y consejos para la cocina

En la mesa

Otros trucos y estrategias

Varios

Índice